瀬織津姫《せおりつひめ》システムと
知的存在
MANAKA《マナカ》が
近現代史と
多次元世界の
タブーを明かす

Nakayama Yasunao　Sawano Taiju
中山康直・澤野大樹

文芸社

◎プロローグ
二〇一六年、伊勢志摩サミットを機に「縄文」が目覚めた

第1章

古代神道でも大嘗祭でも使われていた麻が封印されたわけ（中山康直）

第2章 日本の起源をめぐるタブーに迫る！（澤野大樹）

第3章　臨死体験から観えた日本史の真相（中山康直）

第4章 セオリツヒメ——縄文意識復活の鍵（澤野大樹）

第5章　宇宙体験の神秘とMANAKAリアリティー（中山康直）

◎巻末対談

封印は開かれ、新たな時代の胎動が始まった

対談写真撮影　長坂芳樹
写真提供（※つきのもの）　中山康直

プロローグ　二〇一六年、伊勢志摩サミットを機に「縄文」が目覚めた

シリウス、セオリツヒメと三・一一、アラハバキ

編集部　お二人とも、謎の多い古代の女神、セオリツヒメ（瀬織津姫）、そして神武天皇以前に大和地方を治めていたニギハヤヒ（饒速日命）といった存在に注目されています。これらの存在はこの現代にとってどのような意味を持つのでしょうか。

澤野　ニギハヤヒの正式名称は「天照国照彦天火明櫛玉饒速日命《あまてるくにてるひこあまのほあかりくしたまにぎはやひのみこと》」です。つまり、ニギハヤヒ＝アマテラスであることは明示されている。

その一方でセオリツヒメはアマテラスの中に隠されました。セオリツヒメはイルミナティ（注）と同様に、日本の歴史からほぼ封印され、伏在《ふくざい》させられました。そういった意味ではセ

オリツヒメという存在はきわめてイルミナティ的要素が強く、その「輝き」の部分をアマテラスが一時的に拝借したと僕は考えています。

（注）イルミナティ

ラテン語で「光に照らされたもの」を意味する言葉をつけた秘密結社で、一七七六年ドイツのバイエルン中部の都市インゴルシュタットでワイスハウプトにより創設されたものが有名。公的には一七八五年に活動を終えたとされるものの、今現在もその思想を受け継いだ団体が活動しているという説も根強いですが、イルミナティはもっと霊的な存在だと思います。本編でも書きましたが、「アメリカ」とは「灯り＋目」、つまりアカリ・メという言霊《ことだま》が日本語のみで読み解けますよね。ピラミッドに目というシンボル・マークがそれを象徴しています。

あのマークの最大の特徴は、ピラミッドの基礎部分と目の三角形の部分が離れているというところです。三角形の目の部分が宙に浮いているわけです。これは実は「次元の違い」を意味しています。三角形の目の部分は物質世界のものではなく、多次元世界にある霊的な存在であり、ピラミッドの基礎部分は石で作られているので、三次元の物質世界にあることを堂々と示唆しているんです。

イルミナティはこの世を実質的に管理するという役目を演じてきましたが、縄文が弥生にその道を譲ったのと同様に、イルミナティもフリーメーソンに実質的世界管理権を譲りました。譲ったというより一時的に業務委託したわけです。だから、イルミナティという存在は現在でも謎であり、オカルトの代表とされているわけです。（澤野）

セオリツヒメってイメージ的には羽衣《はごろも》をまとった美しい女神という感じですが、実際には、もっと恐ろしい存在だと思います。存在というか、ある種のプログラムというか……。

中山　セオリツヒメはアマテラスの荒魂《あらみたま》（古代日本人は、神の霊魂は荒魂と和魂《にぎみたま》の二つの働きを持ち、和魂はさらに幸魂《さきみたま》・奇魂《くしみたま》の二つの働きを持つと考えた。荒魂は外面に表れた荒々しくたけだけしい面を指す）とされているので、大浄化の働きを担います。しかし、なぜセオリツヒメは優しいイメージとなっているのか？　そもそも和魂と荒魂は表裏一体の二面性なので、反対の性質となって表されることもあります。また、大いなる銀河周期の中で、闇の時代と光の時代の解釈としてとらえた場合、今の時代では反転していると考えれば実体が見えてきますね。

澤野　つまりは太陽の荒魂なので、僕はシリウスというものが実は私たちが「太陽」と思っているものの「本質」であると読んでいます。

三次元的な明るさとか三次元のための人類の育《はぐく》みとか、みな表向きの「太陽」こそが生命の根源だと思いがちですが、**霊的な本質、魂に根源的なパワーを送っているのは実はこの「シリウス」なのではないか**と考えています。本当は「Ｇｏｄスター」なのに、貶《おとし》められ封印され、伏在させられたため、「Ｄｏｇスター」という地位に甘んじている部分はあると思います。

このセオリツヒメはものすごく慈悲深く愛に満ち溢れた存在なのですが、その慈悲やら愛や

中山康直氏

らというものが、およそ人類が考えているそれとは似ても似つかぬレベルのものであると最近感じるようになりました。セオリツヒメの慈悲、そして愛の本質は、人類には「破局」や「大破壊」としか映らない可能性があるということです。

　そして、セオリツヒメはもちろん大浄化をするのですが、それは、その後の「大いなる再生」、つまり、それまで封印され、伏在させられてきたものたちを、一気に浮上させるための地均《なら》しとして行われるものですから、それは実は「大破壊」でも「大破局」でもないということなんですよ。

　しかし、人類は目先の短いスパンでしか物事を判断できませんから、セオリツヒメの作用の第一段階を見て、それをカタストロフィーだとしか認識することができないのだと思います。つまり、セオリツヒメの作用というのはまずは突出した物質世界を破壊することと同時に、それと同じ量の伏在させられてきた多次元世界を引っ張り上げるバランス調整の働きそのものを言うわけです。この両者が必ずセットになって、セオリツヒメはやってきます。

中山　そこで、セオリツヒメが三・一一と関係してくる。

澤野　そうですね。三・一一は霊的に見たら、これほど重要な事件はありませんでしたね。

中山　東日本大震災は、陰謀論では人工地震ということになっているけど、それはそれとして、あの地震の働きそのものは完全にセオリツヒメシステムでしょう。津波ですべて一掃したという荒魂的な浄化の働きは、創造のための破壊でもあるかもしれない。

澤野　三・一一を人工地震と判断してしまうと、すべて間違ってしまいますね。一見すると、縄文神アラハバキやセオリツヒメは壊すだけの存在にも思えますが、そうではない。出すぎたものを流して、隠されたものを上げるという働きがあるんです。

澤野大樹氏

中山　岩手県の遠野のあたりには、セオリツヒメ伝説がたくさん残されています。もちろん、セオリツヒメ伝説は各地にありますが、特に遠野を含めて東北地方に多い。その他、東日本大震災で被害を受けたところは、かなりセオリツヒメの働きがあったところが多いですね。

澤野　縄文神アラハバキの根底は核エネル

ギーです。アラハバキ、そしてセオリツヒメは宇宙根源神である「宇賀神」に通じています。「核」とは「ＫＡＫＵ」で、並べ替えれば「ＵＫＫＡ」（宇賀）ですよ。核の光、イルミナティ、シリウスは相互に関係している。

そして、「セオリツ」という言霊《ことだま》は「セオリス」「シリウス」に通じます。だから、今回原発が爆発したのも、これと無関係ではないと思うんです。「核爆発」というのは実はアラハバキの根幹、シリウスの究極のパワーであるということなんですよ。

中山　「シリウス」はギリシャ語では「セリオス」と言いますから、アナグラムで「セオリス」となりますね。余談ですが、「セリオス」は言霊的な意味において「整理する」にもなります。さらに女性の「生理」にも通じており、血を流す浄化により、生まれ変わるための聖なる儀式となるのです。

真の太陽神はアマテラスではなくニギハヤヒノミコトではないか

編集部　セオリツヒメはなぜ隠されているのでしょう？

中山　本当の女神だから、時が来るまで待望された。新月から満月に至るように……。

澤野　まさに本物です。

中山　ニギハヤヒとセットになって隠されている。アマテラスは太陽の女神とされていますが、その中に男性神としてのニギハヤヒが隠されています。正確に言うと、宇宙の働きにより、時が来るまで隠れているのですが……。

月の周期と女性の周期の関係を考えると月が女性で、それと対《つい》になる太陽を男性と考えるのが自然です。つまり、ニギハヤヒこそが太陽神であり、アマテラスは月の女神。そして、ニギハヤヒを後ろから守っているのが、シリウス＝セオリツヒメということになります。

もっと正確に言うと、アマテラスは「満月神」であり、「新月神」はアマテラスと共に生まれたといわれるツクヨミ（月読命）です。ツクヨミとは、月が黄泉《よみ》に帰って見えなくなった新月のことを表し、一方、アマテラスは暗闇をあまねく照らす満月のことを表しているのです。

アマテラスは鏡を持っていますが、鏡は光を反射する働きがありますから、太陽の光を反射した満月ということになりますね。そう考えると、つじつまが合ってくる。

澤野　これまでの、いわゆる **「古神道」や、スピリチュアル〝業界〟で常識とされてきたことが、ことごとく違うんじゃないか**、ということですね。

中山　そういう革命的な本になるといいですね。

澤野　これ、すごい本になりますよ。

中山　いい機会なので、これまで出てきているさまざまな情報を総括して、交通整理をしたいと思います。スピリチュアルの世界で言われていることの中にも、まったく組み替えられてしまっていることもあるので、そこを明確にしていきましょう。

この本はこれまでのスピリチュアル系の情報を分断するかもしれない

編集部　なぜセオリツヒメは三・一一を起こしたのでしょう？　怒っているということですか。

澤野　東北は、縄文神アラハバキと同一と思われる「艮《うしとら》の金神《こんじん》」（艮［干支の丑と寅］の方角、つまり北東の方角にいるとされる金神［祟り神］。陰陽道では艮の方角は「鬼門」と呼ばれ、忌み嫌われている）が封じられた地でもあります。しかし、どうして鬼門などと汚名を着せられ、忌み嫌われなきゃならなかったのか、ということです。

それは東北は蝦夷《えみし》であり、日高見国《ひたかみこく》であり、アテルイやモレがいた縄文王国でしたから、大和朝廷はそんな縄文のアラハバキ、セオリツヒメ、艮の金神なんかが、いわゆる「日本」の正式な神であっては困るわけで、そんな**本来の日本の神を封印し、隠すことこそが、これまで大**

和朝廷がやってきたこと、そして明治維新と明治新政府がまず何よりも先にやったことでしょう。そして、どういうわけか、その存在の封印が解かれて目覚める合図のようなものが、東日本大震災だったのかもしれない、ということなんです。

それは一見、破壊に見えますが、そうではなく、歴史の中で封印されてきた日本のネイティブ原住民である東北の縄文日高見国（ヒタカミコク）、縄文、艮の金神、セオリツヒメの起動が始まりましたよ、という合図です。

あと、震災後に全国一斉に「絆」という言葉がもてはやされましたが、「絆」って何ですか。「一つの日本が一致団結して」って言いますけど、日本はこれまで歴史上「一つ」だったことなんか一度もありませんよね。

日本、いや、昔はこの国は「日高見国」と呼ばれる縄文の平和な国でした、いやもっと言えば「日高見国」などという国名すらない時代がありましたね。そこには、本当にたくさんの少数民族や先住民が暮らしていました。

よく日本は単一民族だとか、大和民族だとか言っていますが、日本は「単一民族国家」だったことはかつて一度もないですし、今もリアルな現実として「単一民族」ではありません。ただ、皆さんがそう思わされているだけです。「大和民族」という言葉だって、明治維新以降に作られた「一つの日本」という幻想を強化するためのスローガンにすぎません。

日本は、それはもうバラエティに富んだ多民族の寄り合い列島なんです。「かつてそうだったのです」ではありませんよ、今でもリアルに皆さんの血の中にこれらの血が流れています。
ではどんな民族がいるか、具体的に挙げてみましょう。

沖縄人（南西諸島）
阿麻美人（南西諸島）
熊襲（くまそ＝南九州）
隼人《はやと》（南九州）
安曇族（諏訪の先住民）
肥人（コマヒト＝熊本ネイティブ系）
国栖（くず＝大和国吉野郡、常陸国茨城郡）
佐伯族（讃岐≒空海）
モリヤ族（諏訪の呪術集団＝古代ユダヤの末裔）
土蜘蛛（奈良県大和葛城山）
八束脛《やつかはぎ》（群馬県月夜野町）
越族《えつぞく》（中国長江文明の稲作水稲文明を日本にもたらした弥生人）

高志人（越族の「越《こし》」が訛って「こうし」と呼ぶ）
蝦夷（縄文、東北、日高見国系）
毛人（えみしと読む。蝦夷と同族か）
粛慎（しゅくしん、または、みしはせ）（満州周辺系ツングース系狩猟民族）
労民《ろうみん》（中国東部にいた伝説の人種。手足が黒い）
コロボックル族（北海道、千島、樺太《からふと》にいたとされる伝説の小人族）
ニブフ族、ギリヤーク人、ウィルタ族（戦後に網走などに強制移動させられた）

他にもおそらくいたのでしょうが、こうして簡単に列挙しただけでもこれだけの少数民族、先住民族が日本にはいたんです。今でも確かにこの民族の血は続いていますよ。

ただし私たちが忘れてしまった、もしくは忘れさせられてしまったから、まさか自分に少数民族の血が流れているなんて気づきもしないのだと思います。

世界統治システムが用いる聖書が忌み嫌った「６６６」は、実は「ミロク」だった

中山　今我々が話している内容を被災地の方が読むと、もしかしたら気分を害する人がいるかもしれません。しかし、誤解を恐れずにいえば、本来は「災害」というものはないと私は考えています。

地球規模の天変地異ならいざ知らず、縄文人が地震や台風などの災害で死ぬということはありえなかったと思いますし、野生の動物が通常の災害で死ぬということもあまりイメージできません。それら、自然の存在は、台風や地震が来るとしても、事前にそれを察知して、どこかに避難して事が過ぎ去るのを待っていたり、本能的に回避するでしょう。

これら地震や台風のような災害といわれるものは、そもそも地球では当たり前に起こる自然現象です。これを「災害」にしているのはむしろ人間側の方です。開発と称して埋め立てや山を削ることで、津波や土砂崩れの被害を甚大にしてしまっています。つまり、必要以上に環境や自然をいじくりすぎた結果としての「人災」になっているということは、もはや否定できない事実です。

台風にしても、それがあることで、自然界はバランスをとっていて、沖縄で研究家に聞いた

ところでは、台風は海の中を掃除して、珊瑚《さんご》の成長を促しているようです。陸上の植物も台風や嵐でいったんはダメージを受けますが、長い目で見ると成長が促進されているのです。

澤野　なるほど、確かにそうでしょうね。街をキレイにしましょうって言って、ゴミやタバコのポイ捨てには目くじら立てて怒るのですが、ではそもそもこの大都会のコンクリートジャングル自体を「汚い」とは思わないんですよね。私たちが「近代化」と称して作り上げた物質世界については一切異議は唱えない、いや、唱えないどころかそれが正しいものだと疑いもしませんよね。

しかし、ひとたび「縄文」という意識に目を向けると、そもそもこの「街」自体の虚飾性とか幻想性が見えてくるんですよ。そうなると、もはやゴミのポイ捨てとかそういうレベルではないことが発見されてくるんですよね。落ちてるゴミは許さないが、キレイに美しく作り上げた街はOKという思考です。

しかし、食べるものは自然が一番！　とか言っているわけですよね。まあ、私も大きな建物の中に住んでいるわけですから偉そうなことは言えないのでしょうけど。ただ、そのことに気づいているのと気づいていないのでは雲泥《うんでい》の差となってしまうと思うのです。

中山　人間の見方でいうと、地震や台風などは災害でしかないけれど、よく考えてみるとそれらは自然界の現象であって、その自然現象の中で我々は生かされている。そこをきちんと受け

止めると、必要以上に埋め立てするとか山を削るのではなく、もう少し環境的な生き方へ向かうことの中で、自然界にまつわる深い恩恵と大いなる自然の意図を受け取っていくことになります。

これは、私たちが「龍」という存在を忘れてしまったこととも関係しているでしょう。どこの神社に行っても龍の彫刻や造形物、あるいは各地域の伝承や物語に龍は登場し、干支にまで龍がいますね。それなのに、**現代人は龍とまったく対話をしていない**現状が浮かび上がります。

ここでいう「龍」とは、人間と自然をつないでいる命のつなぎ目のことです。見えないけれどそこにいて、森羅万象《しんらばんしょう》に働きかけて天候を調整し、作物の実りを助けてくれたり、ときには浄化を促したりと「龍」の働きは多大です。この「龍」の存在について、現実的な観点からも明らかにしていく時代です。このように、今最も必要とされるリアリティーをこの本で伝えたいですね。

澤野　ローマ・カトリック、つまりバチカンが作り上げた世界統治システムが用いる聖書は、「666」という数字を獣《けもの》の数字として忌み嫌いますね。これは日本の言霊で解けば「ミロク」

です。「ミロク」というのは弥勒《みろく》菩薩であって、それは未来仏なので、まだ誰も見たことがありません。

キリスト教はイエスを救世主にしてしまったので、未来仏とかいう、与《あずか》り知らない見知らぬ救世主が出現してしまっては困るわけです。しかし出現してしまう。しかも日本から出現してしまう。だから、事前にその「666」という存在に釘を刺しておいたわけです。

そしてこの**「666」というのが日本語の言霊でしか解釈できない暗号になっているんですよ。**「あいうえお順」で数えたら6番目は「か」ですよね。つまり、「666」というのは「かかか」なんです。「か」が「三つ」ということです。ならば「かかか」とは「か」が「三」、つまり「かがみ」となりますよね。

民俗学者の故・吉野裕子先生は、「かが」とは蛇の古語であると述べていますよ。つまり「かがみ」とは「蛇身」、つまり龍体であり蛇体であるという意味なんです。

「そんなバカな！」って思う方も多くいると思いますが、たとえばこの「かがみ」は「鏡」という意味ですよね。「鏡」を英語で言いますと「ミラー」ですよね。「ミラー」を日本語の言霊で解釈するとどうなりますか。「ドレミファソラシド」で言うと「ラ」は「6番目」ですよね。それが「ミ」なんですよ。つまり「3」ということです。

つまり「ミラー」とは「3つの6」という意味になりますよね。ですから「666」という意味になります。

日本語でも英語でもどちらから紐解いても「666」となるんです。そうなりますと、**バチカンが言っている「666」とは「龍体」であり「蛇体」だということです。**では、その「龍体」とか「蛇体」って何ですか、って話になりますよね。そこでたとえば日本という国名を英語で表記した「JAPAN」が生きてくるわけです。

「JAPAN」を並べ替えると「NAP・JA」になりますね。「NAP」とは「うたた寝をする」という意味です。「JA」は「蛇」のことです。つまり、「JAPAN」のアナグラム「NAP・JA」とは「うたた寝をする蛇」という意味です。

では蛇がうたた寝をするときにはどういう姿勢をとりますか。そうです、「とぐろを巻いて寝る」わけですよ。この姿こそが「宇賀神」そのもの、つまり、弁天、セオリツヒメそのものなんですよ。

だから日本は「龍体列島」と呼ばれるんです。「JAPAN」そのものに宇賀神という宇宙根源神としての意味が最初から備わっていたということですよ。

そして、最近、熊本で大きな地震が起きました。そして茨城県南部や北部でも何度も地震が起きていますよね。これはまさしく日本列島を貫く龍体の脊髄《せきずい》である「中央構造線」が活発化、つまり身震いを始めた、つまり**封印されてきた縄文が再び胎動を始めた**という合図なんですよ。その胎動にセオリツヒメとシリウスが大きく関わっています。

この本ではその根幹について迫れたらうれしいなと思っています。僕は、セオリツヒメとシリウスと近現代史の総括について、この本で語りたいです。

特に弁財天と同一神とされるセオリツヒメ。ニューヨークの自由の女神が実はセオリツヒメだったという話とか、フランスのモン・サン＝ミッシェルは弁天島で、そこで信仰されている大天使ミカエルが実はセオリツヒメだったとか、そういうところに触れたいですね。言ってみれば、つまり、**世界は日本を原点にするセオリツヒメの力を奪い合ってきたというのが世界史の実相**であるわけですよ。

しかし、当の日本人、いや、日本語の言霊がわかるすべての日本に関わる人たち自身がいわゆる「反知性主義」の流れに呑み込まれてしまい、自らの本質に迫る意識になれない状況となっているのが悲しいところです。日本人、いや、日本に関わる日本の言霊を理解できる人すべてが、このような日本の霊的な意味を理解したとしたら、大変なことになるでしょう。それは一大事です。

これらのことを総称してバチカンは「反キリスト」と称しています。バチカンにとって都合が悪いから「反キリスト」なんです。

中山　そうなってくると、この本はこれまでの表面的な情報を分断することになるでしょう。しかし、ただの分断で終わるのではなく、絡んでいたものを結び直す創造的な方向につなげていき、最終的には、この先の道を示していくような内容にしたい。その前にメッタ斬りにすることになるかもしれませんが（笑）。

澤野　もちろんその通りです。今のスピリチュアル系の情報というのは、明治維新以降に創作された「古神道」という新興宗教的な新しい考え方が基礎になっていますからね。「古神道」というものが、非常に新しく作られた新興宗教であることはあまり知られていませんから。それに異を唱えて、このようにまったく新しいというか、これこそ本質なんですけど、これまでほとんど語られることのなかった局面を掘り起こしていくという行為は、多くのスピリチュアル〝業界人〟にとっては脅威であり、自らの立場を揺るがす喫緊の事態となるはずです。

未知なる道の先導役
サルタヒコゆかりの地でサミットが行われた意味

中山　今年（二〇一六年）は申《さる》年ですが、十二年前とはまったく違う社会情勢になっています。そこを考えると、今回の申年の意味合いが明確に示されてきます。

サルといっても「猿」ではなく、干支では「申（もうす）」と書きます。これに「示」をつけると「神」という字になる。また、その「申」の言霊からすると、「もーす」＝「モーセ」という存在も浮かび上がってきます。

モーゼの十戒（レンブラント作）

モーセは今から約三千三百年前の出エジプトのときに、奴隷状態だったヘブライ人を解放し、契約の箱を持って東方へ進軍したといわれています。そこから、いったんエルサレムに行きますが、その後、ルーツのエチオピアに戻ったという説や、大陸に散らばり極東の日本にまで来たという説もあり、イスラエル十二支族の中の失われた十支族が東に向かったとして「日本渡来伝説」となっているのは有名な話です。

猿田毘古大神（19世紀後期に描かれたとされる絵）

澤野　そういわれていますね。「申せ」といわれているということは、今の時点ではまだ何も申してないということを意味していますよね。

中山　その出エジプトのモーセと、日本神話で天孫降臨を先導したサルタヒコ（猿田彦）の働きが非常によく似ています。サルタヒコは天狗の姿で描かれますが、この天狗というのは古代ユダヤ人の鼻が高かったことに起因しているという説もあります。

そこで今年、二〇一六年の申年というのは、これに関係して「これまでにない未知なる道を切り開く」という意味につながってきます。もちろん申年は十二年に一度来るわけですが、世界の情勢から今年は特にその側面が強調される。

サルタヒコという存在は各地に祀られていますが、その本流は、伊勢神宮と同じ三重県にある椿大神社《つばきおおかみやしろ》です。椿という植物は梅や桜に先んじて十二月の終わりぐらいから花が咲き始めるので、新春という季節の先導役ともいえる。「木」に「春」で「椿」という字になるくらいですから、すべてが芽吹く春の訪れと関係するのでしょう。

そう考えると、花開かせる働き、つまり、開闢《かいびゃく》させるために先導する花が椿であって、その椿大神社に先導役としてのサルタヒコが祀られていることは、象徴的にも道理が合います。

サルタヒコは道開きの先導役であり、そのサルタヒコに縁の深い三重県で、中年に行われた伊勢志摩サミットは日本にとっても世界にとっても新たな道を示す重要な会合イベントだったようです。

日光東照宮（栃木県日光市）の三猿（「見ざる・言わざる・聞かざる」）像

澤野　「猿」で思い出しましたけど、日光東照宮には「見ざる、言わざる、聞かざる」という、いわゆる「三猿《さんざる》」がありますよね。

「見ざる、聞かざる、言わざる」とはよく聞く表現です。良からぬものを見ないこと、聞かないこと、言わないことは非常に容易《たやす》いが、それを「思わざること」は至難の業であるという解釈が有名です。人とは感情の生き物でありますから、それは確かに難しいことです。

もっと鳥瞰《ちょうかん》して思えば、たとえネガティブな思いであっても、それが意識に備わっている以上、「必要だから」備わっているわけで、ネガティブな感情を通じて、ポジティブな結果に結びついた例など、星の数以上に存在することでしょう。つまり、「見ざる、聞かざる、言わざる」の一般的な解釈は確かに正しきものと思われながら、実は理想的な解釈であるとは言えないのです。

「見ざる、聞かざる、言わざる」の本源的な意味とはこうです。人はみな、ある程度の年齢にも達すれば、自らをいっぱしの人物であると誇りたくなるものです。しかし、誇っているうちはまだ未熟であり、自らがいかに社会から必要とされているかを知覚したとしても、そんな自己を省み、俯瞰《ふかん》し、常に謙虚に、自らのいまだ無知を痛感せよ、ということです。

良からぬことを見ないこと、聞かないこと、言わないこと、と言いますが、実は、私たちがまことに謙虚となるならば、果たしてそれが「良からぬもの」かどうなのか、判断できる境地になどとても至っていないことが直観されます。

つまり、**それが「良からぬもの」だと断罪する自己こそが傲慢の極みである**ことを告げているのです。またそれは「善と悪」という弥生的穢《けが》れ思想を思考の源泉に置いている、己の未熟さを浮き彫りにしているのです。

「見ざる、聞かざる、言わざる」の根幹とは、「あなたはまだ何も見ていないし、あなたはまだ何も聞いていないし、あなたはまだ何も言ってもいない」という衝撃的事実を突いてきているのでした。この真理の中心核にあるものとは――「己はまだおよそ未完成であるのだから、常に謙虚でありなさい」という教訓です。

　自らの無知を自覚し、全能感に陥ることなかれ、ということです。それは、己の意識を常に「無」としておきなさいよ、という先人の教えだったのです。

「無」としてこの世に生を受け、年齢とともに人はあらゆるものを身に纏《まと》っていきます。しかし、ここでは逆のことを告げているのです。年齢を重ねて知識や経験を身に纏いながらも、意識だけは、赤子のごとき「無」のままであり続けなさいよ、ということです。

　三次元的な「所有」を誇るのではなく、「無」こそが最大の宝物であるという実にシンプルだが難しいことを、私たちに教えてくれているわけですね。――これは究極の真理であり、同時に究極の「アンチエイジング」でもあるわけです。蛇足、失礼いたしました（笑）。

伊勢志摩サミットは「セオリツヒメサミット」「宇賀神サミット」であった

中山　伊勢神宮にG7の首脳が来たことの意味ですが、そのほとんどの首脳はキリスト教徒の重鎮たちであり、その人々が公的に伊勢神宮を参拝するということは、ある意味で懺悔《ざんげ》ではないのかと思うんです。

澤野　確かに、カトリックの総本山であるバチカンも二〇〇〇年を過ぎてから、やたらとお詫びと謝罪をしています。過去の十字軍のことも謝罪している。つまり、これまでとは明らかに態度が違うんですね。

中山　礼拝の場所というのは、そこで懺悔することで許されるという場所です。そして、言霊的には、「ゆ・る・さ・れ・る」＝「エ・ル・サ・レ・ム」となる。そこで、すべてが許されるという意味で、**西のエルサレムから東のイセに、G7の首脳たちの懺悔の場所が選ばれた。**

伊勢志摩サミットが開催された志摩観光ホテル（賢島）

伊勢とは「出《イ》づる背《セ》中」という意味もあり、「世を降りて秘められた女神」である「セオリツヒメ」は「イセ」を「オリタヒメ」でもあります。そのセオリツヒメは日本に限らず地球の女神なのですから、女性性の封印についての懺悔でもあったはずです。

澤野　サミット会場となった賢島《かしこじま》も完全に「パールハーバー」でしょう？　真珠が名産だからまさし

宇賀多神社（伊勢志摩観光ナビより）

女性の頭部を持つ宇賀神

く真珠湾。

また、賢島の少し北には鵜方《うがた》という地名があり、宇賀多《うがた》神社という宇賀神と関係する神社もあります。賢島自体が弁天島としてセオリツヒメにつながっているんです。

賢島の周囲を取り巻く「英虞湾《あごわん》」ですが、英虞湾の「虞」とは、夏目漱石の『虞美人草《ぐびじんそう》』でもわかるように本来は「ぐ」と読むわけですよ。なら「英虞湾」とは「あぐわん」なんです。「AGU」なんです。

簡単ですから並べ替えてみてほしいのですが、AGUは並べ替えると「UGA」になりますでしょう？　UGAとはまさに「宇賀神」のことに他なりませんよ。

だから、このサミットは実は「セオリツヒメサミット」でもあり「宇賀神サミット」でもあったんです。伊勢神宮にスポットライトを当てているようでいて、実はセオリツヒメの働きを表すサミットではないかと、僕は見ています。

中山　弁天さんの頭に鳥居があり、そこに宇賀神さんがいますが、賢島＝弁天島のすぐ北に宇賀神さんがいるとなると、それもピタリと符合する。

また、「Ｉｓｅ‐Ｓｈｉｍａ」からは、エジプト神話の女神「ＩＳＩＳ（イシス）」というアナグラムも出てきますが、このＩＳＩＳとは一柱の女神ではなく、これまで封印されてきた女神たちの総称と考えてもいいでしょう。

澤野　イシスはシリウスそのものであり、水の星シリウスと、水の女神セオリツヒメと通じていますね。だから伊勢志摩サミットはシリウスサミットであり、実はどこにもアマテラスの出番なんかなかったんです。

セオリツヒメ＝縄文のスピリットがまもなく蘇る

中山　アマテラスが天岩戸《あまのいわと》に籠ったということは、岩戸開きのための岩戸閉めであり、一方、セオリツヒメも、世《せ》を降りたということは、世に浮上するためでもある。

サンカとは山地の河原などを移動して、竹細工や狩猟などをして暮らしていたとされる漂泊の民。写真はサンカの母娘（YouTubeより）

澤野　表舞台から身を引いた。世を降りた、すなわち「世降り」つまり「セブリ」なんです。

　ここがサンカとセオリツヒメが密接に関わっている部分なんですよね。僕はそこでアマテラスに譲ったんだと思うんですが。また「セブリ」は「瀬降り」にも通じていますもんね。

中山　そういう意味では、天岩戸神話というのは譲るセレモニーだったのかもしれません。

　僕自身の理解の中では、アマテラスは満月神なので、岩戸開きとは新月から満月に移行する話にも思え、その光は太陽神なくして現せない話ですから、本来はニギハヤヒの復活を意味しているのかもしれません。その神話を女神の譲り合いの話とするのなら、アマテラスに譲ったことを物語っているのでしょうから、アマテラスに限らず、隠れたすべての女神の復活の比喩神話に思えてきますね。

澤野　引きこもったのはアマテラスではなくて、実はシリウスですよね。そうじゃないと芸能

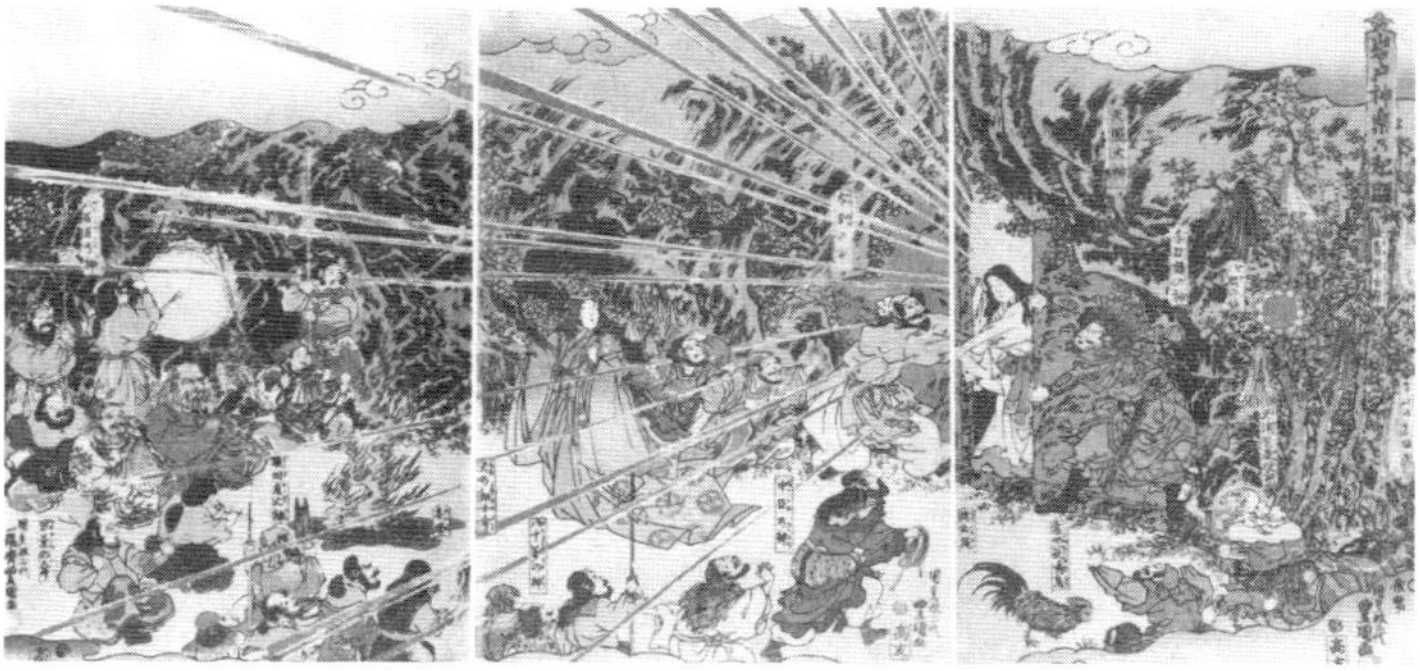

天岩戸神話では、天照大神が岩戸に籠って真っ暗闇になると、八百万の神々が集まり、お祭りが始まる（画像は「岩戸神楽ノ起顕」三代豊国）。

の始祖でありサンカやまつろわぬ民たちの原点であり歌舞伎の原点でもあるアメノウズメノミコトが、どうしてあんなに必死に踊って気を引こうとしたのか説明がつきませんものね。

中山　天岩戸開きの神話をひっくり返してみた場合、セオリツヒメが世を降りた話となるのなら、封印されたというよりは自ら降りたと考えた方がいいでしょう。自らが自覚して降りたとすれば、じゃあ、それはなんのために降りたかということがとても重要です。

澤野　後々のため。

中山　そう、後々のためにあえて降りた。

澤野　後々のために、一時、私は身を引きますよという意思を感じます。同様に、弥生が入ってきたときも縄文は身を引いているような気がする。

　出雲の国譲りの話もそうですね。そのときのままの縄文（縄文人たちは自らを縄文人などとは当然称していなかったでしょうけど）をこのまま続けるよりも、一度、新しく入ってきた弥生の人たちに実権を託して、様子を見て、いつかその弥生文化を経た上で、それらを体得した後に、再び「新たな縄文スピリット」として復活することを夢見たのではないかと思えてなりません。

千利休が唱えた「一より習いて十を知り、十より返るもとのその一」とまったく同じ行程ですよ。最初の無辜《むこ》な「一」と、十を経てから返った「もとのその一」は似ていて非なるものですから。

縄文スピリットを持つ人たちは、もしかしたらそこまで見越して弥生に道を譲ったのではないかと思えてなりません。それが今、現代において「もとに返ろう」となっています。まさに壮大なロングパスですよね。

中山　それが縄文のスピリットでしょう。縄文があれだけ長く続いたのは譲り合っていたからとしか考えられません。だから、弥生にも譲ったわけです。対立して混乱を生むよりも、いったん譲って時を待って自然に実る豊饒の形をとったのです。

彼らは表に出るタイミングを察知する。つまり、自分の意思で世を降りた人、譲った人たちは自分の意思で出てくるのではなく、必要な状況になったときに必ず出てくる。

今年の伊勢志摩サミットは、そのきっかけとなったと考えてまず間違いはないでしょう。各国の首脳は自覚していないでしょうが、伊勢にキリスト教徒のＧ７首脳陣が参拝に行くということは、このタイミングとしてすごいストーリーです。

澤野　熱心なキリスト教徒からすれば、なぜ異教徒の神殿に参るのかという話になるでしょうからね。

中山　神道を信じる信じないは別として、神社には鏡があるわけだから、象徴的にはそこで自らの内側のものが映し出されることになる。だから、懺悔という意識がなくても行くだけで懺悔になってしまう。そのような働きが内在していた象徴的なサミットだったことを思い起こせば、「時の到来」を感じます。

澤野　日本の神道、もちろんここでいう神道とは明治維新以降に創作された「古神道」とは違う、もっと原始的なアニミズム的な、そしてまだ「神道」なんていう呼び名もない時代の純粋な信仰ですよね。日本から再び覚醒するそんな縄文スピリット、つまり、龍体列島日本とそこに生きる日本の言霊がわかるすべての人たちと、そこから生まれ出《い》づる「救世主」というものは、バチカンからすると悪魔に映るでしょう。

しかし、そんなキリスト教徒を今回のサミットで神道の内奥《ないおう》へすんなり招き入れることは、日本の寛容さを世界に知らしめることにもなります。問題なのは、招き入れた先が「外宮《げくう》」ではなく「内宮《ないくう》」だったということです。これは安倍さんの出自が長州明治新政府であり、日本会議、神道政治連盟のメンバーである以上、譲れなかった部分でもあるはずです。

編集部　お二人の持論をそれぞれ存分に語っていただくために、本書では各自のお話をじっくりうかがう章を設けた後で、対談のパートに移るという構成になっています。
中山さん、澤野さん、よろしくお願いいたします。

第1章

古代神道でも大嘗祭でも使われていた麻が封印されたわけ（中山康直）

大麻は縄文時代から揺るぎない位置を占める

――神話の時代から近代に至るまで、日本人の隣にはいつも大麻があった。

これは、福井県の鳥浜《とりはま》貝塚の説明文として一般に紹介されていたキャッチフレーズです。つまり、公的かつ客観的な見解と考えていいでしょう。

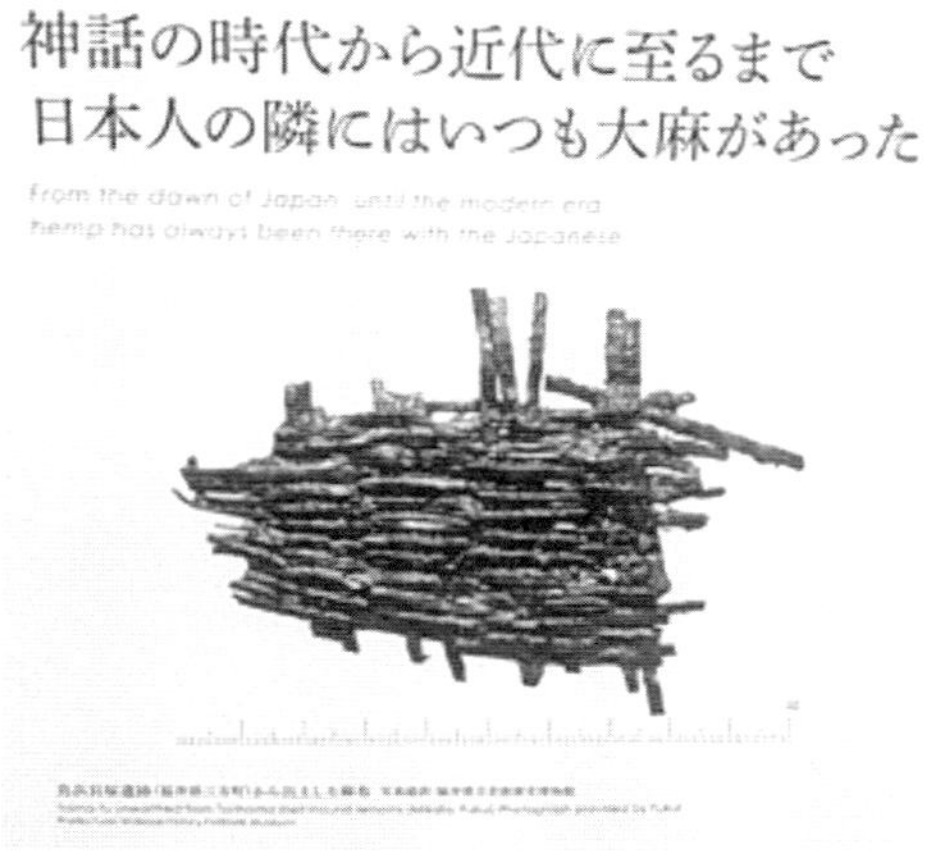

福井県鳥浜遺跡のチラシに大麻と人類の関係性が説明されていた。※

実はこの福井県の鳥浜貝塚では世界最古の麻（大麻）の種と布が出土しています。これは、今から約一万二千年前、つまり縄文時代のものであり、縄文人たちは麻の繊維を暮らしの中の布として活用したり、カゴ編みポシェットやネックレスなどの装飾品の原材料としていました。

また、各地で発見されている縄文土器や土偶の模様が麻の繊維によって付けられていた

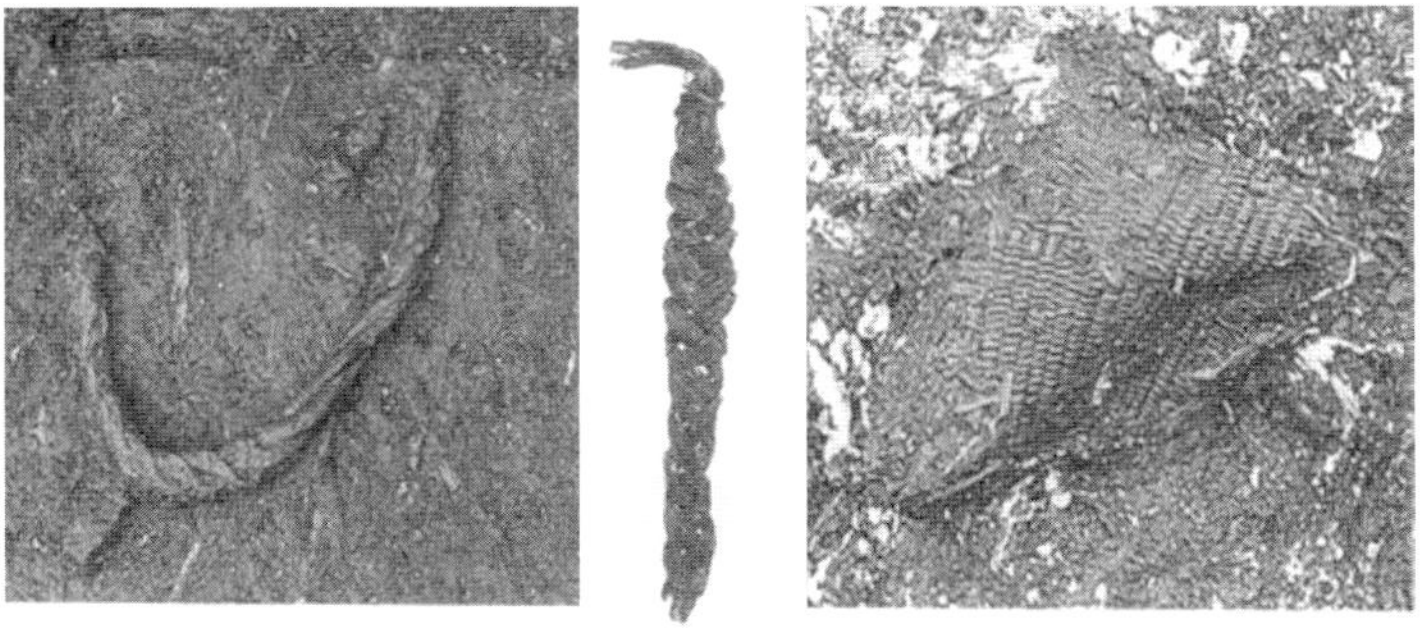

福井県鳥浜遺跡から出土した大麻の縄や紐と布※

こともわかってきていて、麻の縄そのものも出土しています。

縄文土器や土偶はなんのために造られたかについては諸説がありますが、縄文土器の形や材質から、合理的な容器というよりも、シャーマニックなデザインからもわかるように、アニミズム的な思想の中で、儀式や祭事に使用していたことは明らかであるといえるでしょう。また、縄文時代のような真に豊かな生活には欠かせない、有用な微生物である菌の培養にも活用していました。

というのも、縄文土器の形状や素材が菌の培養に適しているのです。具体的には土器の表面に麻の繊維を注連縄《しめなわ》のような縄状や紐《ひも》状にして押し付け、渦巻き・凹凸《おうとつ》アートの文様を作ることで、麻の菌が付着し、微生物の棲家となっていました。そして、麻の実やマコモなどの植物と湧き水などの天然の水を土器に入れて、自らの手でかき回すことで発酵させ、常在菌入りの酵素をつくっていました。そうやって免疫の高い生命活動を確立していたのです。

縄文時代は現代よりも約百倍の発酵力があったといわれます。免疫力にしたら現代人よりも数百倍の免疫を持っていたことになります。

このように、縄文時代には麻の繊維や種子などが素材として使われ、豊かな社会を構築していたことがわかっています。その流れが日本では古代神道に移行し、精神性と共に重視されることになります。

神道のベースとなる神話の中にも、多岐にわたる形で大麻が登場します。たとえば、天岩戸神話にあるように、天照大神《あまてらすおおみかみ》が岩戸に籠って真っ暗闇になってしまいます。そこで、八百万の神々が集まって会合が開かれ、お祭りが始まります。

アメノコヤネ（天児屋命）という神が祝詞《のりと》を奏上しますが、同時にアメノフトダマ（天太玉命）という神が天岩戸の前で占術を行い、真榊《まさかき》に大きな鏡、大きな勾玉《まがたま》を連ねた玉飾りとし、楮《こうぞ》で織った白木綿《しらゆう》と麻で織った青木綿を下げた玉串《たまぐし》を作りました。アメノフトダマはその玉串を持って幣帛《みてぐら》を奉り、アメノコヤネが祝詞を奉じると、天照大神が出てくるように祈り合わせ、神事を執り行ったのでした。

このように、神話にも麻が重要な役を担って登場していますが、神道において大麻は罪穢《けがれ》を祓《はら》うもの、あるいは神々が依って来る「依代《よりしろ》」とされています。

縄文時代を考えると、化学繊維がないのはもちろん、綿もないし、絹もほとんど活用されていません。そのような状況の中で、人間の体を守るためにまとう繊維が麻でした。

縄文人は麻をまとうことで身体を守り、また、種が出土しているということは種を食べていたのはもちろんですが、さらには麻の実を搾った油も何らかの形で活用されていたはずです。

縄文人は麻を上手に、多岐にわたって使っていたことから、神話のストーリーの根幹として、神道の中で揺るぎない位置づけとなったのです。

神話では、麻で玉串を奉り、祝詞を奏上することで、アメノウズメ（天鈿女命）も舞い踊ります。そして、最後は集まった神々たちの笑い（祓い）によって、アマテラス（天照大神）が鏡に映った自らの姿を見て、天岩戸から出てきます。その岩戸開きのエピソードから、大麻を鏡と見立てて、伊勢神宮のお札《ふだ》はアマテラスの御印《みしるし》ということとなり「神宮大麻《じんぐうたいま》」と呼ばれています。

はっきり、「大麻」という名前が付いていることからも、大麻が神道の中では揺るぎない位置を占めていることがわかります。

神宮大麻と神宮大麻暦から消された麻の存在

そのお札である神宮大麻と神社の暦はセットになっていて、現在はその暦のことを「神宮暦」と呼んで、一般的に神社で発行されています。しかし、本来は「神宮大麻暦」と呼ばれていました。

また、神宮大麻のお札自体も、今は簡略化されています。簡略化されたのがいつ頃なのか、はっきりとはわかっていませんが、少なくとも大化の改新以前の倭国《わこく》では、麻の種がついた花《か》穂《すい》もお札として取り入れられていたと思われます。現代なら法律で取り締まりの対象になっている部位です。

一昔前までは、その麻の種がついた花穂入りの「神宮大麻」と、農の暦である「神宮大麻暦」をセットにして、二月三日の節分あたりに神社が授与していたようです。

神社に納めるおこころざしを「初穂料《はつほ》」と呼ぶことは多くの方がご存じかもしれませんが、麻の種がびっしりついた花穂の授与に対するお札だから、「初穂料」と呼ばれているのです。「初穂」の「穂」は稲の穂という意味もありますが、稲よりも麻の方がずっと古く、弥生時代以降に、麻の畑と稲の田んぼの二本立て農文化が広がっていきます。

稲作文化は縄文後期から弥生にかけて大陸からもたらされましたが、それ以前から縄文人は日本列島に住みついていました。その時代、主食はお米ではなく稲の原種であるマコモや麻、ドングリや栃の実だったと思われます。その中でも、麻とマコモは重要な素材でした。

たとえば、出雲大社のあの太い注連縄はマコモです。一方、伊勢神宮には注連縄はありませんが、その末社や分社の注連縄や鈴紐《すずひも》は麻です。どうも、国津神系はマコモで、天津神系は麻を象徴としていたようです。日本（二本）という国はこの二つの相対のバランスで成り立ってきたのでしょう。

ただ、現在では麻の栽培が許可制となり、化学繊維の普及から天然繊維の衰退による価格の高騰も手伝って、神社の注連縄や鈴紐には麻ではなくビニールを使っているところも多いのです。麻は光沢があって輝いているように見えるため、ビニールで代用されている現状は皮肉としかいいようがありません。

稲穂はたっぷりと実をつけて、頭《こうべ》を垂れるように育ちますが、麻も稲穂と同じように、花穂にたくさんの種が結実すると頭が垂れて、遠目に見るとまるで稲の穂のようなシルエットにも見えます。

かつて神社では、その麻の花穂を授与していて、それと同時に「神宮大麻暦」を渡していました。その暦を見てみると「一粒万倍日」とあり、種を蒔くのに適切な日など、農作暦が明記されているのは周知の事実です。つまり、「神宮大麻」と「神宮大麻暦」は、本来は農作物としての麻の栽培キットのようなものであり、魔除けとしても家の庭などに植えていたのでしょう。

そのような伝統が今では簡略化されて、花穂の入っていないお札となり、暦も「大麻」という字が消えて「神宮暦」になってしまい、麻の存在が見えなくなっているのです。

多くの伝統的お祭りで麻の茎や繊維が使われてきた

阿波国《あわのくに》（徳島県）一之宮の大麻比古《おおあさひこ》神社は、「大麻」がそのまま神社の名前になっています。こちらの神社は、麻の殖産産業をお守りする御神徳があり、大麻比古尊がサルタヒコ（猿田彦）と同一神とされて、麻をお祀りしています。この大麻比古神社は、四国八十八か所の一番札所・霊山寺《りょうぜんじ》の裏に鎮座しており、麻から始まる未知なる道をサルタヒコが導いているようです。後ろには、御神体の「大麻山」がそびえています。

阿蘇《あそ》には人類の祖先にあたる「五色人《ごしきじん》」をお祀りする幣立《へいたて》神宮がありますが、この「幣」は、「幣帛《へいはく》」や「御幣《ごへい》」といわれた神に捧げる麻のことであり、太古の天津神《あまつかみ》の時代に、神さ

阿波国一之宮・大麻比古神社拝殿

幣立神宮

まが幣、つまり麻を投げられ、それが立ったところを「日の宮幣立」としたと伝えられています。阿蘇は現在の熊本県ですが、「熊本」はその昔「求麻本」と書かれていたことから、人類の原点として、麻と縁がある土地です。

また、神々の郷《さと》といわれる高千穂《たかちほ》神社では、今でも「高千穂神楽《かぐら》」に麻製の装束が使われていて、お面の髪の毛も麻繊維です。その高千穂神社の本殿裏側の屋根の軒下に麻こぎ小屋を描いている珍しい彫刻がありますが、これも麻栽培が身近であったことを明確に表しています。

宮崎県高千穂神社本殿裏の屋根の軒下にある「麻こぎ小屋」を覗く姿の彫刻※

昔は茅の輪の上部に2本の大麻草が取り付けられていた。※

日本中の多くの神社では夏越《なご》しの大祓《おおはらえ》のときに「茅《ち》の輪」をくぐりますが、これは現在ではある意味で麻が抜け(間抜け)たことになっています。というのも、本来はここに大麻草の生木《なまき》を二本しつらえているのが昔からの習わしだからです。そもそも大祓は、この麻の波動により、穢《けが》れが祓われるという考え方が基本にあり、その麻の作用なくして大祓とはいえません。

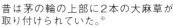

茅の輪をくぐるから穢れが祓われるという形式的なものではなく、茅の輪は「大和」につながっていて、二本の麻で穢れが祓われることで、「日本が和を以て尊しとなす」の世界へ入って行くことを意味しているのです。だからこそ、麻の生木は必要不可欠なのですが、このような古来からの伝統的な風習はすっかり忘れ去られています。

そのような状況の中で、麻の伝統を堅持している神事として、岐阜県安八《あんぱち》郡の神戸《ごうど》の火祭りでは、今でも、大麻の茎である「オガラ」がお祭りのかがり火として使われてい

岐阜県安八（あんぱち）郡の「神戸（ごうど）の火祭り」は無形文化財に指定されている。※

ます。クライマックスには夜の暗闇の中で、若い衆がお神輿《みこし》を担いで練り回しますが、このときに使う松明《たいまつ》は、大麻の茎を燃やした火で灯されています。他の材料よりもオガラの方が火が明るくて長持ちする特性があり、もともと神事で使っていたことから、麻の火は周波数が細やかで穢れを祓ってくれると考えられていたからです。

身近なところでは、お盆の迎え火にも麻の茎であるオガラが使われています。お盆のときに家の前で火を焚く風習は今でも各地で行われていますが、本来、このときに麻の茎を焚かないと意味がありません。麻の茎を燃やした火は、他のものを燃やした火とは少し違っていて、御先祖様に合図を送れると昔の人は考えていたわけです。

昔は麻農家がたくさんいました。先祖代々、作物として栽培され続けてきた麻を燃やすことで、向こうの世界に旅立った御先祖様に合図を送ることができるという意味を持ち、何でもいいから燃やせばいいというわけではないのです。今でもお盆の迎え火にオガラを使うのは習慣

本来は麻ガラで焚くお盆の迎え火（上）と御先祖様や生き物の供養のため動物の足として使われる麻ガラ※

として残り、ホームセンターなどでも「お盆の迎え火キット」として売られています。

　それに加えて、動物に乗って御先祖様がやってくるという仏教的な意味合いから、キュウリやナスを動物の胴体とし、大切な足に見立てるものとして、麻の茎であるオガラを使っていました。今では、割りばしを刺して代用品にしていますが、本来は割りばしではゲンが悪く、動物供養の意味もあるので、麻の茎を用いていたのです。

　このように、お盆の迎え火や護摩焚きなども麻を焚くことで、御先祖様への供養や浄化となります。「お盆」という言葉は、サンスクリット語の「ウラバンナ」に由来することから、そ

岐阜県伊太祁曽神社の麻づくしの管粥神事※

長野県鬼無里村（きなさむら）の民俗資料館に展示されている「一万度大麻」の御札が掲げられたお神輿※

のルーツを遡ると、拝火教であるペルシャの「ゾロアスター教」の風習にも通じます。

岐阜県には、伊太祁曽《いたきそ》神社の「管粥《くだがい》神事」といわれるその年の初めに行われている神事があります。この神事では、麻の茎を適度な長さに切って、木のお札を付けて五穀と一緒にお釜に入れて炊くのですが、しばらくしてから麻の茎を引き上げると、筒状となっている茎の中に、お米や大豆などの五穀が入り込んでいて、その入り具合で吉凶《きっきょう》を占っています。

麻の茎、麻の繊維、麻の紙で執り行うこの神事は、まさに麻づくしの儀式といえるもので、このような占術が今でも行われているのです。

そもそもお祭りというのは、豊饒祈願や豊作への感謝として行われ、穢れが祓われる作用があります。多くのお祭りで伝統的に麻の茎や繊維が使われてきました。

長野県の鬼無里《きなさ》村（現・長野市鬼無里地

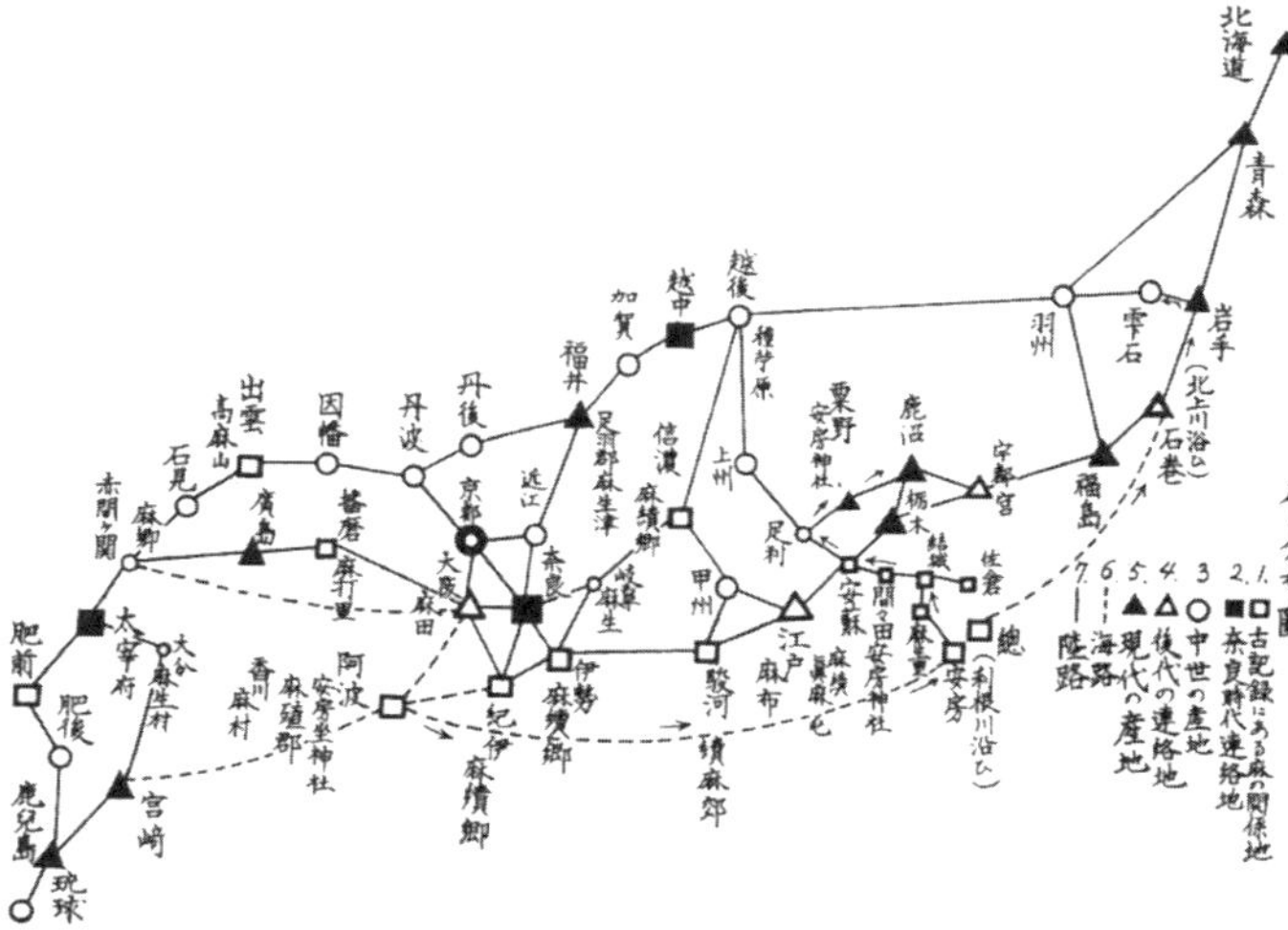

江戸時代の麻の繊維製品のネットワーク図※

区）の民俗資料館にあるお神輿の上には「一万度大麻」と書かれたお札が掲げられています（前ページ左写真）。この「度」というのは、「度重なる」という言葉に残っているように回数を表すもので、一万度《たび》大麻と触れ合うことによって天下泰平、五穀豊穣につながるという考え方がうかがえます。

このようなところからも、神道における大麻の位置づけが明確に見えてきます。

天皇祭祀として皇室儀礼でも麻が使われていた

江戸時代の麻の繊維製品のネットワークの図（上の図）を見ると、その形はそのまま日本列島の形と一致しています。つまり、全国津々浦々に麻が行き渡っていたことがわかり、北海道にも琉球にもそのネットワークは到達していました。

しかし、終戦後の昭和二十三年、一九四八年に「大麻取締法」が制定されます。

その前年に昭和天皇が栃木県の麻農家を訪問した写真がありますが、これは、翌年に取締法ができると知った上での訪問であり、おそらく、我が国の麻産業の行く末を案じた上でのご訪問だったのでしょう。

天皇ご自身も大嘗祭《だいじょうさい》（即位の儀式の一つ）のときに麻製の神衣を着たり、皇室儀礼の中でも麻が重要な位置づけとして使われていました。麻は日本人になじみの深い作物であり、神道にも関係が深いということをわかった上で、日本文化の行く末を案じられていたはずです。

ですから皇室神事に神道の流れが組み込まれているのは当然で、明治維新後に国家神道形成があった一方で、古代の神道的なものも皇室神事の中にしっかり継承されています。

たとえば、平成の大嘗祭のとき、徳島県の木屋平《こやだいら》村（現在は付近の町と合併して美馬《みま》市木屋平地区）で麻を栽培している忌部氏族の三木家が大嘗祭に麻を「ミツギ」することで貢献しています。四国の三木家は、おそらく語源が「貢ぎ」なのでしょう。代々、麻織物を朝廷に貢いでいたことから、「貢ぎ」→「三木」となったと思われます。

三木家の当主の方にも何回かお会いしていますが、三木家は剣山《つるぎさん》のふもと、前述の美馬市

美馬市木屋平の三木家住宅

阿波忌部族の末裔である三木家が天皇に献上する皇祖神の麻衣「アラタエ」を運ぶ様子（下）はまさに「契約の箱」※

昭和天皇が栃木県の麻農家を訪問したときの１枚（大麻博物館資料）※

木屋平地区で麻を栽培していました。平成の大嘗祭に使用する麻は、神官が収穫儀式を行い、その後、麻の伝統技術を継承している群馬県の麻保存会の方々のご尽力により、表皮を剥き、糸を紡いだ後は麻布にします。それが天皇が大嘗祭で身にまとう皇祖神の神衣である麁服《あらたえ》となります。

その麁服を三木家が天皇家に献上するのですが、まるで古代ユダヤの「契約の箱（アーク）」のように、大切に箱に入れて献上する儀式は、お神輿の風習にも通じ、古代ユダヤと古代ヤマトの共通性をうかがい知ることができます。

麻を栽培して朝廷に献上してきた忌部氏は大化の改新以降、表舞台から消えた

なぜ、本州ではなく四国で栽培された麻で麁服が作られるのか。この点を考えると古代ユダヤと古代ヤマトのとても興味深い歴史が見えてきます。

剣山のリフトが到着する八合目付近は「見ノ越《こし》」という地名がついています。旧約聖書によれば、ノアの箱舟がアララト山に漂着し、新世紀が始まったとされる日が七月十七日ですが、この日に剣山山頂の宝蔵石神社では、お祭りが行われており、お神輿を山頂まで担ぐ神事が催行されているのです。ちなみに、古代ユダヤの風習が色濃く残る京都の八坂神社でも、七月十七日は祇園《ぎおん》祭が行われています。

神話における国生みは、淡路島から始まりますが、四国、九州、本州という順で国土が形成されていきますから、どうも四国という場所は、何か大切なものを隠している日本の源流といえる土地のようです。そのことを裏付けるかのように、千三百年前に天武天皇が「吉野宮の会盟」という会合を開き、側近たちに申し立てを行い、四国をいったん封印しました。そのような歴史的な事実があるのです。

代々、麻を栽培して朝廷に献上してきた忌部氏は、中臣氏とともに祭祀を司る氏族でした

京都祇園祭の山鉾（やまほこ）を飾るタペストリーには、古代ユダヤの風習と同じ物語が織り込まれている。右が古代ユダヤ、左が古代トルコのタペストリー※

が、中臣鎌足が藤原の姓を賜ってから、藤原氏が政治の中枢を司るようになったことで、大化の改新以降、忌部氏が表舞台から消えていくことになります。忌部氏は、剣山麓の阿波が本拠地であり、このことも四国の封印と関係があります。

「四国」をいったん死んだ国の「死国」にして、約束の時が訪れたときに志が集う「志国」となり、最終的には始まる国の「始国」となる――。

空海が残したとされる阿波の伝承に「狐の子守唄」といわれるものがあります。

四国に三本の鉄の橋が架かる時
東から本土を化かした狐たちが帰って来る
この世は狸と狐の化かし合い

空海は讃岐《さぬき》忌部の血統であり、時が満ちるまで四国を封印するため、八十八か所の結界の設定に大いに関係しています。

そして、古事記や日本書紀を編纂することで、四国や九州、または東北などが舞台となっていた地方の豪族の伝承や神武天皇以前の天皇家の系譜を記述した「倭国」より前の時代に書かれた古史古伝は荒唐無稽なものとされてしまいます。一方で、「日本国」として古事記や日本書紀が正史とされていきます。

結論をいえば、**神武天皇以前の王朝が四国に存在したという古代史が封印された歴史があり、その名残で、大嘗祭の麁服が剣山のふもとで作られている**のでしょう。

その当時からすでに大嘗祭のような儀式があり、剣山のふもとで麁服を作っていた古代の歴史的文化が、現代にも継承されているということです。この大嘗祭の取り組みが途絶えた時代もあるようですが、今では受け継がれています。

大嘗祭のときに皇居内に設けられる建物に「大嘗宮《だいじょうきゅう》」がありますが、その昔は、大嘗宮での儀式で、麻の茎のかがり火を焚いていました。麻の茎の火が依代となり、神様が降臨する目印となるからです。

その大嘗宮には、悠紀殿《ゆきでん》と主基殿《すきでん》という建物があり、どちらも同じ造りと間取りになっています。「悠紀」は東と天を司り、「主基」は西と大地を司ります。これは四神《しじん》相応の鶴と亀の関係になっています。

大嘗宮配置図

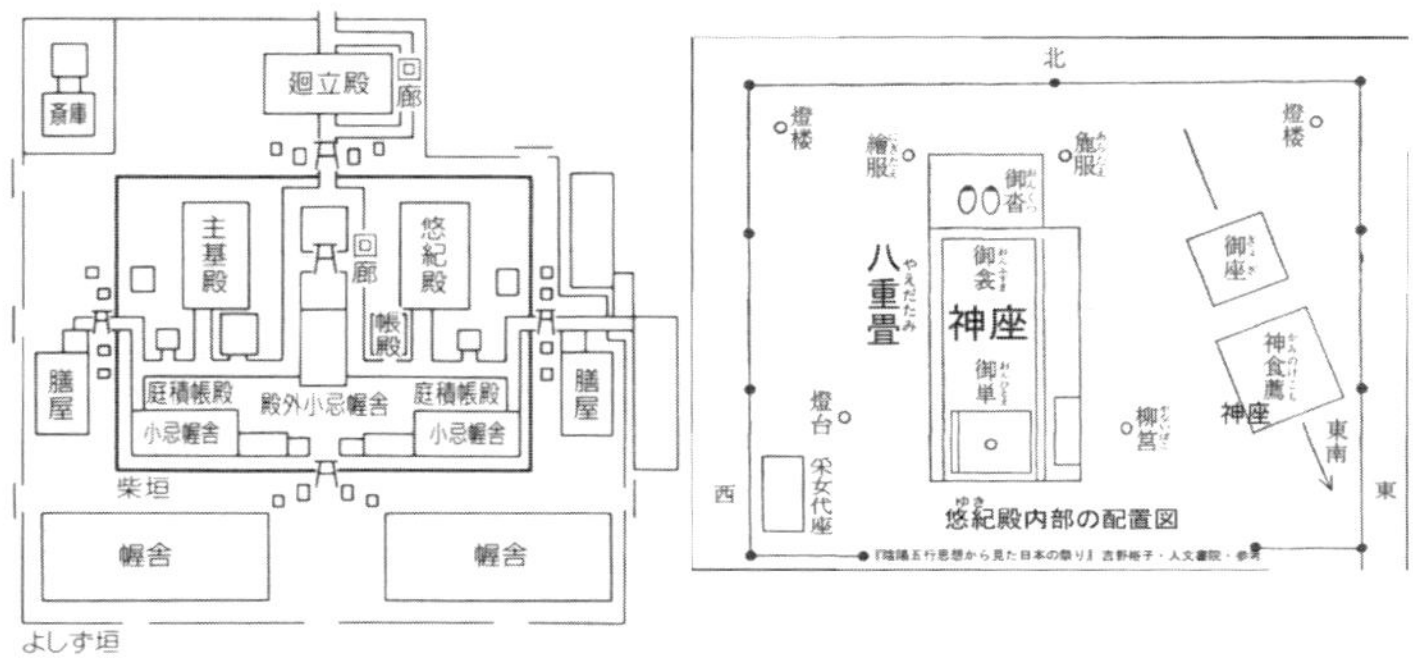

大嘗祭の儀式の聖なる神殿「悠紀殿」「主基殿」（左）とその内部（右）※

悠紀殿と主基殿の中には「神座《かみくら》」という寝る場所が設けられています。そこに「御衾《おんふすま》」に「御単《おんひとえ》」が置かれ、「神食菰《かみのけこも》」と「御座《ぎょざ》」といって、座って食事をする場所もあります。天皇はそこで、太陽神と食事をして一夜を共にする儀式をするのです。

このときにまとう神衣が麁服と、もう一つは繪服《にぎたえ》であり、麁服が麻で繪服が絹です。つまり、植物性の繊維と動物性の繊維を天皇自らがまとうことによって、象徴的に二元性のバランスをとるわけです。

この麁服は入目籠《いりめかご》の中に入っていて、これがいわゆるカゴメの「籠の目」となります。「目」にも「第三の目」や「ホルスの目」などいろいろな意味がありますが、上がり目、升目などの表現の他、昔よく使っていた日めくりカレンダーのように、目を繰り上げることを「メクリ」といいます。それが大きく循環することを「メグリ」といいます。

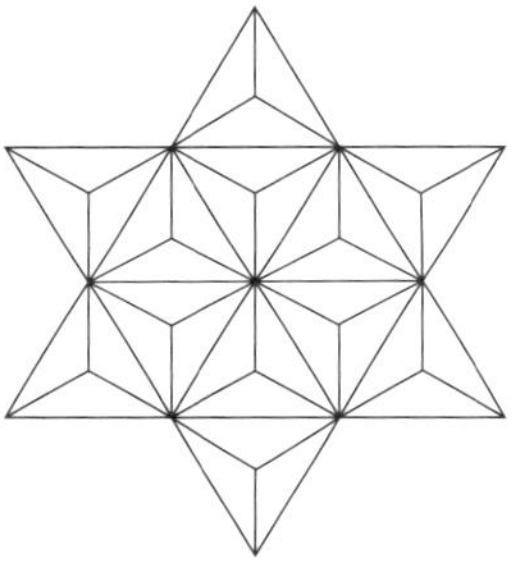
六芒星＝麻の紋（カゴメ紋）

また、「目を入れる」とか「目が出る」などは縁起がよい表現でもあり、「かごめかごめ　籠の中の鳥は　いついつ出やる」と歌われる有名なわらべ歌「カゴメ歌」にもあるように、籠の目というものを「籠の中の鳥」のようなイメージでとらえることもできます。

カゴメとは、六芒星に通じ、まさに麻の葉紋でもあります。また麁服を製作し、献上する役割は、代々、阿波忌部氏と決まっていますが、その阿波の忌部氏の御祭神は「天《あめの》日《ひ》鷲命《わしのかみ》」で、まさしく「トリ」なのです。

その籠の中の鳥が出てくることは、籠目から麁服が、つまり、門から麻が出てくることであり、まさに「世明け麻開き」の象徴とも考えられます。

麻賀多神社のルーツはマガダ国である！

日本における麻の精神性や伝統文化は、国内にとどまらず、海外の麻文化と確実につながっています。日月神示《ひつく》が降ろされたことで知られる千葉の麻賀多《まがた》神社は、ワクムスビ（和久産巣

千葉の麻賀多神社（神社のHPより）

日神）という神様をお祀りしています。このワクムスビは伊勢外宮《げくう》に祀られているトヨウケ（豊受大神）のお母さんにあたり、稲の原種である真菰《まこも》のことですが、その御神徳の働きの一つが「麻の殖産産業の守護」です。

麻賀多神社は千葉の印旛郡《いんばぐん》に十八社ありますが、その中で岡本天明さんに神示が降りた場所は、天之日津久《あめのひつく》神社を境内に有している千葉県成田市台方《だいかた》の麻賀多神社です。こちらは麻賀多神社の総本社となり、その神紋は六芒星である麻の葉の紋様です。

この神社が古代インド・ネパールにあった「マガダ国」と関係していると思われるのです。

今までに何度かネパールを訪れていますが、二〇一一年から麻の仕事でネパールをひんぱんに訪れるようになりました。その中で、ポカラの街からさらに西に向かい、八時間くらい秘境につきものの悪路の山道を上って「麻の村」に辿り着いたことがありました。そこで、遠く離れた日本とのつながりを感じたのです。

原種の麻を調べるためにその村に行ったのですが、そこの地域の畑では、トウモロコシやジャガイモ、カボチャなどが麻と混植《こんしょく》されていて、自然な感じで一緒に生えているのです。

ネパールの秘境にある高度3000メートル級の段々畑に混植されている麻※

面白いのは、その畑の麻の実を食べたときにトウモロコシの味がしたり、ジャガイモを食べると麻の実の風味がしたりと、一つひとつの味が損なわれず風味が融合しているのです。

これは、根っこが土を共有しているために、微生物もわかち合っていて、自然の力と循環により、相性もあると思いますが、素晴らしいコラボとなっているのでしょう。つまり、単体の作物で栽培するよりも、いい成分を互いに共有して含有しているのです。

この麻の村では、自然共生の農を学ばせていただくことになり、この地域のことがより深く感じられてきたときに、ここの地域は古代の地図でいうマガダ国の領域にあたるエリアであることがわかってきました。マガダ国はお釈迦様の生誕地であるカピラバストゥという国を、コーサラ国という強大な国から守っていた国です。

その旧マガダ国にあたる地域では、たくさんの麻を作っていて、一方、マガダ国と同じ名前を持つ日本の麻賀多神社では麻の殖産産業を守っているという不思議な一致に気づいたのです。

麻賀多神社で祀られているワクムスビはそもそも外来の神であり、神紋が六芒星の麻の葉紋様です。千葉には、神武天皇東征の時代に、阿波忌部が房総半島に流れていったという経緯から、「総（房）の国」といって、麻がたくさん生えていた土地なのです。

その他、海洋系の人々も千葉に流れ着いており、館山市にある沖ノ島遺跡の縄文早期の地層から、麻の種が出土しています。

マガダ国にいた人々が東方へ移動していったという伝承もあります。そのような断片的な情報をすべてすり合わせると、必然的に麻賀多神社のルーツはマガダ国であるということになってきます。

さらに、その旧マガダ国領域となるその村の住人と話をすると、「自分たちはもともとカスピ海の近くにいた民族で、数千年前にその地からやってきた」と言っているのです。

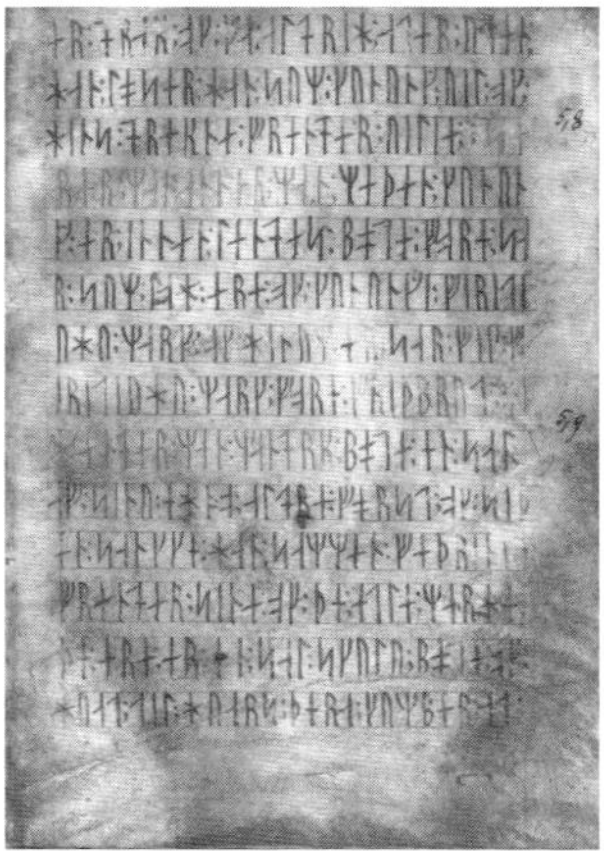
ルーン文字の写本

そのカスピ海一帯には騎馬民族がいます。騎馬民族はルーン文字を使っていました。ルーン文字は「覚醒するタバコ」を吸い、毛布にくるまって、そこから出たときに木の枝を投げて落ちた形が由来となったといわれています。

覚醒するタバコとは、大麻のことであり、シャーマニックな文化として占術やその後の易学にも通じる知恵であるといえるでしょう。

さらに、カスピ海の南側はペルシャ地方にあたり、前述の拝火教であるゾロアスター教の発祥地域でもあることから、火を使った儀式的風習が各地に伝承されながら、日本にも伝来していることは、世界的な宗教観からいっても興味深い事実であるといえるでしょう。

ゾロアスターのアスターとは、英語で星を意味するスター（Star）のことであり、アストラルにも通じ、星の信仰とも密接に関係しています。

広大な平原の中で牛を見つけてカウントする数え方と深遠なる宇宙に星を見出すことが共通感を生み、平原の中に見る星の輝きに見立てられて「黄金の牛伝説」がユーラシア大陸を駆け巡りました。その価値観が各地に広がり、牛を聖なる動物であると解釈したことから、インド・ネパール地方では、牛が神の使いとされているのです。

また、ゾロアスター教の絶対神は、「アフラ・マズター」といい、仏教の中では「アシュラ（阿修羅）」と呼ばれるようになります。このアフラ・マズターに対応するように黄金の牛が「ミトラ」または「ミスラ」と呼ばれ、「ミトラ教」なるものも登場します。

インド・ネパール地域の「ヒンドゥー教」とも習合して、ミトラをサンスクリット語で「マイトレーヤ」と呼ぶようになります。

その黄金の牛信仰が朝鮮半島を南下して日本に辿り着いたときには、「牛頭天王」となり、

ゾロアスター教の絶対神「アフラ・マズダー」（左）と太陽神「ミトラ」※

出雲大社でお祀りされている「スサノオ」と合体していくのです。

つまり、出エジプト時代に、**古代のエジプトから脱出した遊牧の民が、古代ユダヤとしてエルサレムに行き着き、その後の東への移動から内陸部を経由してきた人たちが、カスピ海にいったん定着し、ゾロアスター教の影響を受けながら、騎馬民族に溶け込んでいきます。**そして、さらに東に進み、その後にマガダ国をインド・ネパールにわたる地域に作ったというつながりが見えてきます。そこからさらに東に向かい**麻賀多神社のある東方の地に辿り着いたのだろう**と推察できます。

ユダヤの紋章とペルシャの錬金術の紋章、そして麻賀多神社の神紋がともに六芒星というのも偶然ではない気がします。

ゾロアスター教はイスラム教をはじめ、ユダヤ教やキリスト教に影響を与え、ヒンドゥー教や仏教にも組み込まれていきますが、旧マガダ国領域の村の人々の信仰が、それらの信仰の一部を受け継いでいることから、その信仰や風習の存在自体もまた彼らの出自を示すものといえそうです。

さらには、古代中国で発祥したとされる道教もゾロアスター教と同じように、対極二元の働きを結びつけていく流れを持つ錬金術であり、麻がその結び目となって、「ひのもと」につながっているのです。

大麻取締法はＧＨＱの圧力で、占領政策の一環として制定された必然のシナリオ

このように、縄文からの永い歴史において日本の古代神道やさまざまな伝統文化と密接に結びついていた大麻がなぜ、取り締まりの対象になったのか。

日本においては、大麻を取り締まる法律はＧＨＱにより、占領政策の一環として制定されたのですが、その大本には、石油資源を中心にして経済や社会を発展させたいという思惑や大麻の持つ医療効果の可能性を封じ込めるための利権があるのでしょう。

つまり、石油を流通させるために、石油の代替となる大麻という植物資源を封印したのです。また、生薬《しょうやく》としても大麻が優秀であることから、これが普及すると病院や製薬会社が成り立たなくなってしまうという理由もあったことは明白だと思います。

その一方で、阿片というものを牛耳ることにより、医療経済や軍事産業をコントロールする考え方が台頭していきます。阿片は芥子《けし》から採るもので、芥子は植物ですが、その阿片から薬理成分を抽出したものがモルヒネです。これがないと医療における手術などの痛みに対する処置が難しく、医療現場での世界的なシェアを考えれば、阿片と戦争利権の背景が理解できると思います。

このモルヒネをケミカル精製すると強力な痲薬《まやく》であるヘロインができます。アジアには、「黄金のトライアングル」と呼ばれるヘロイン製造のための芥子の大産地があり、一九〇〇年代初頭、中国を舞台にした阿片戦争が勃発します。その後、「阿片条約」が結ばれたときに、大麻（印度大麻）も統制品として組み入れられてしまいました。

このとき日本は条約締結国でしたが、統制品として指定された印度大麻と日本の大麻は違うという認識で、取り締まりの対象にはなりませんでした。日本の大麻は繊維作物であり、神道でも神聖なものとして使っていました。伝統文化として生活の中でも一般的に活用されていたので、国民意識としても大麻を取り締まる意味がわからなかったのです。

一方、その頃アメリカやヨーロッパでは、大麻の取り締まりを政策としてもどんどん進めていき、それが終戦後の敗戦国となった日本における大麻取締法につながっていきます。

一九四五年十月十二日に、ＧＨＱは大麻の栽培を禁止するという内容の「メモランダム」

GENERAL HEADQUARTERS
SUPREME COMMANDER FOR THE ALLIED POWERS

APO 500
12 October 1945

AG 441.1 (12 Oct 45)PH
(SCAPIN - 130)

MEMORANDUM FOR: IMPERIAL JAPANESE GOVERNMENT.

THROUGH : Central Liaison Office, Tokyo.

SUBJECT : Control of Narcotic Products and Records in Japan.

1. The planting, cultivation, or growth of narcotic seeds or plants is prohibited. All narcotic seeds or plants which are now planted, being cultivated or grown will be destroyed immediately. The quantity so destroyed, date and method of destruction, location and ownership of the fields or areas will be reported to the Supreme Commander for the Allied Powers within thirty days.

2. The importation of narcotics by any person is prohibited except as authorized by the Supreme Commander for the Allied Powers.

3. The exportation or manufacture of narcotics is prohibited.

4. All stocks of crude, semi-processed or smoking opium; crude or semi-processed cocaine; heroin and marijuana (Cannabis Sativa L) are hereby frozen and the removal, destruction, use or sale thereof or of any books or records thereof is prohibited except as authorized by the Supreme Commander for the Allied Powers.

5. All existing records of narcotic transactions in narcotics shall be maintained.

6. Definitions:

a. Narcotic or Narcotics shall include Opium, Cocaine, Morphine, Heroin, Marijuana (Cannabis Sativa L), their seeds and plants, and every substance in any way derived therefrom, or any mixture or preparation thereof.

b. Heroin shall include any derivative, compound, salt, mixture, or preparation thereof.

1

(198)

BASIC: Memo to Imperial Japanese Government, file AG 441.1 (12 Oct 45)PH, subject: "Control of Narcotic Products and Records in Japan", dtd 12 October 1945.

c. Person shall include physicians, dealers, apothecaries, government monoplies, and all other individuals, depositories, partnerships, corporations, unincorporated business firms or associations, and all responsible members thereof.

FOR THE SUPREME COMMANDER:

/s/ H. W. Allen,
/t/ H. W. ALLEN,
Colonel, A. G. D.,
Asst Adjutant General.

2

(199)

GENERAL HEADQUARTERS
SUPREME COMMANDER FOR THE ALLIED POWERS

AG 441.1 (22 Jan 46)PH

22 January 1946

(SCAPIN - 644)

MEMORANDUM TO: IMPERIAL JAPANESE GOVERNMENT.

THROUGH : Central Liaison Office, Tokyo.

SUBJECT : Establishment of an Effective System for Narcotic Control in Japan.

1. You are directed to enact legislation embodying the following provisions for the establishment of an effective system for narcotic control in Japan:

a. All persons lawfully entitled to deal in narcotics will be properly registered, licensed, and classified.

b. Dealers will be required to re-register annually.

c. Dealers will be required to submit an inventory of narcotic stocks on hand when registering or re-registering.

d. Dealers will be required to submit periodical reports of narcotic transactions and stocks on hand to the Imperial Japanese Government.

e. All transactions in narcotics will be in or from original stamped packages which you will provide for in your enactment.

f. Limitations of sales by the several classes of registrants will be set forth in your enactment.

g. Sales between registrants will be by means of order forms which you will record and provide in blank to registrants.

h. Except as provided in your enactment any person who is not registered, licensed and classified will be prohibited from having narcotics in his possession.

i. Severe penalties will be provided for any person who violates the provisions of your enactment.

2. You will submit a copy of the law in English to this Headquarters prior to enactment.

FOR THE SUPREME COMMANDER:

Colonel, AGD,
Asst. Adjutant General

(200)

GHQから発布された「メモランダム」※

（覚書）を発布しています。アメリカに押し付けられたものですが、覚書といっても罰則があり、敗戦国ですので実質的には国際法のような扱いをされます。

しかし、その当時の長野県の麻農家が農林省を通して、ＧＨＱに対し、免許制として残してくれるように提案しました。最後には昭和天皇が一役担ったのかもしれませんが、全面禁止にはならず、免許制として残ったということは、麻とその文化は首の皮一枚の状態で守られたといえるでしょう。

日本には永い歴史を持つ神道というものがあり、神道や皇室祭祀の中では、大麻が大変重要な役割を果たします。また、国民が生活の中で大麻を活用していたことから、全面禁止は無理があると理解され、免許制となったのでしょう。

しかし、医療的にはダメだということで、大麻取扱者免許を持っている人や医師であっても、大麻を医薬品として使ってはならないという条項を入れて、法律が制定されていくのです。

ですから、大麻に関する日本の法律は、産業利用はＯＫだけれども、医療大麻はＮＧ。法改正しない限り、薬理成分は決して医療行為には使えないのです。

それでも、かろうじて免許制として残ったのは、それだけ大麻を栽培している農家や個人が多く、無理やり抑制できないという状況もあったでしょう。このように、占領政策として日本では初めて大麻が禁止になりますが、産業利用のために茎と種は規制の対象外で、栽培は許可制となります。薬理成分を含有している葉と花穂だけが規制されています。

つまり、大麻草の成熟した茎と種は法律上の定義としては、大麻ではないということです。しかし、これは非常に矛盾のある法律で、種と茎が法律の対象外となっていても、それを得るには栽培生産しないとならないわけです。

種と茎と葉と花を分けて規制するというのは、人体でいえば、足はいいけれど手はダメだというような話であり、一つの生命体を扱う上では矛盾があるのです。つまり、法律としては大きな欠陥がある法であるといえます。

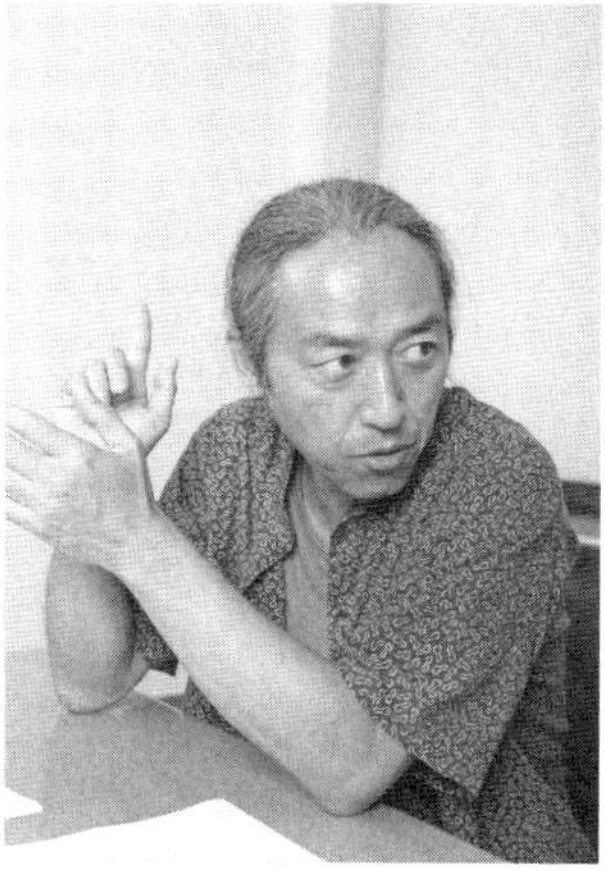

しかしながら、人智を超えた進化のプログラムにより、本当に大切なものを思い出すという意味もあり、いったんはその大切なものを忘れるというプロセスも必要だったのでしょう。

大麻草が人間より古い時代から地球に存在していたと証明できる

大麻に含まれる薬理成分を受容するレセプターを人間は誰もが持っていて、体中にバランスよく分布しています。このシステムを「ＥＳＣ（エンド・カンナビノイド・システム）」といいます。

生まれながらにして、人体にＥＳＣが搭載されているということは、大麻草が人間より古い時代から地球に存在していたことを証明しています。

レセプターとは、鍵穴のようなものであり、現代の医学でもレセプターは、カンナビノイド受容体として、２種類同定されています。これらのレセプターに作用する体内物質が「内因性カンナビノイド」といわれています。

このレセプターとカンナビノイドは鍵と鍵穴の関係になっており、自然界に存在する大麻の成分であるカンナビノイドも、そのレセプターに符合するということは、生まれ出た先の地球に大麻草があるとわかって生まれてくることを意味しています。

人類よりも起源が古いということは、衣食住とエネルギーをまかなえるという麻の特性は生命原理として、必然的なものであるといえるでしょう。南極と北極とグリーンランド以外の地域では、どこでも大麻草は自生ないし栽培できます。

麻が太古から繊維や食べ物の他、さまざまな素材として有益に活用されてきた歴史は、麻自体がそもそも人類や生命を育むために地球に設定されたことを物語っているように思えてきます。その生命活動における関係性から見れば、人類の起源と大麻についての興味深いつながりが秘められているようです。おそらく人智を超えた采配なのでしょう。

このような、生命の神秘と大麻の起源を考えると、大麻は生命の進化の鍵を握っているのかもしれません。

進化の過程において、人類のもととなった原人の後に、最も人類に近い種類として、旧人と位置づけられているネアンデルタール人がいます。ネアンデルタール人は約三十五万年前に出現し、約二万年前に絶滅したといわれるヒト属の一種です。ドイツのネアンデルタール渓谷で化石が発見されたのでこの名が付いていますが、実際にはドイツだけにとどまらず、世界中でその痕跡が見つかっています。

このネアンデルタール人の特徴は、植物の活用の仕方が、それまでの原人とは明らかに違うことです。死者の埋葬に植物の花粉を使ったり、花を添えたりしています。さらに、動物の骨で楽器を作って、火を使った儀式的なことを行っていたようです。つまり、現代の人類に近い行動様式を持っていたといっていいでしょう。

興味深いのは、ネアンデルタール渓谷にあった壁画に、ネアンデルタール人が大麻を摂取して進化したと解釈できる内容のものがあることです。大麻により旧人の脳が活性化され、現生人類に進化した可能性もあります。

レセプターの存在は、植物摂取進化論としても、ダーウィンの進化論を超えて、原人から新人への生命進化を裏付けるものかもしれません。

第2章

日本の起源をめぐるタブーに迫る！（澤野大樹）

「日本」は誰かによって与えられた幻想ではないか

日本の本当の先住民であり、原住民であったネイティブの人たちは存在しなかったことにされ、いつの間にか「何者か」によって支配されてきました。そして、そんなネイティブの人たちは、自分たちがこの国の主人であるという記憶を消され、自らのアイデンティティを失っています。

その結果、私たちは、現在日本を支配している勢力の掲げる「日本」に従うことこそが、「真の日本人」であると錯覚させられたまま、催眠術にかかったかのように、盲目的に過ごしてしまっている……。

重要なのはここです。

日本の本当の主人たちは、本当にこの国のことを愛しているにもかかわらず、記憶を消されてしまっているため、乗っ取った勢力が掲げるニセモノの「日本」を愛させられている。これはとても複雑なメンタリティです。日本を愛しているのに、その愛している現在の日本は縄文的な見地で見ると「ニセモノ」なのですから。

その、本当の日本のネイティブである人々は、言うなれば「縄文ヒタカミ（日高見）」の魂の持ち主です。

今の日本という国は、邪魔な者たちは全部封印して、ほったらかしにされたまま。そこで、縄文ヒタカミの魂を持っている人たちの間で、ここへ来て違和感が生じてきました。「靖国神社へ参拝することこそが真の日本人としてあるべき姿だ」と言われ、これまでそう思い込んできたけれど、最近、それに違和感を覚えるようになってきている。

つまり、**私たちがまったく疑わずに信じてきた「日本」というものが、誰かによって与えられた幻想ではないかと多くの人が気づき始めているのです。**

天皇は「ミカド言葉」を明治新政府に奪われた

私たちは「本当の日本」ではなく、明治以降に強引に設定された「新しい日本」というものを半ば強引に信じ込まされてきました。その最たるものは、明治以降の「共通語」です。

今、私たちは、全国どこでも共通語で言葉が通じますが、実は明治維新のときに、京都で会合した会津藩と薩摩藩は言葉が通じなかった。そこで、謡曲《ようきょく》（能の歌詞の部分）の文句に節を合わせて、なんとか話をしたということがありました。それでも、そのような会話には限界

があるため、最終的には文語である漢文による筆談を用いたといわれています。

時代劇を見ると、全国どこでも言葉が通じたと思ってしまいますが、それは事実ではありません。江戸時代までの日本は「言語不通」であり、江戸という町から数キロ離れただけでもう言葉が通じなかったという話さえもあります。

そのような言語不通は、方言程度の差ではなく「別の国の言語」レベルだったといわれていて、この状態は実は明治の後半まで続いていました。たとえば、出雲では明治時代まで十七音しかなく、五十音を発音できる人はほとんどいなかったとか。

それが、明治三十七年（一九〇四年）に国定教科書が登場して、いわゆる「共通語」が定められました。現在、一億二千万人が何の不都合もなく無意識に共通語を使っていますが、そのような状態になったのは、ここ百年ほどの話なのです。

さらにいえば、「国語」という概念自体が明治以降に生まれたものです。つまり、明治以降の日本の近代化のために、共通語としての「国語」が創作されたのです。

天皇も本来は京言葉、いわゆる「ミカド言葉」を話していたのに、東京遷都の名の下、明治以降の天皇は共通語を話しています。つまり、天皇ですら話し言葉を変えられてしまったわけで、それは、**天皇の話し言葉を変えてしまえるような、天皇より「上」の勢力がいたということを意味します。**

はっきり言ってしまうと、天皇の話す京言葉よりも、東京山の手の幕末の志士たちの言葉の方が「上」だった。そもそも江戸時代の天皇家は弱小勢力であり、天皇が「現人神《あらひとがみ》」にされたのは明治になってからのこと。

それ以前、天皇という存在は畏《おそ》れ多い存在ではあったものの、基本的には神事を司るボスではあっても、「神」ではなくあくまで「人間」でした。

「共通語としての日本語」「大和民族」は明治以降に創作された概念

では、私たちの話す「日本語」は何なのかというと、一九〇〇年頃に上田萬年《うえだかずとし》（東京生まれの尾張藩士、一八六七～一九三七）という東京帝国大学の国語学者が、自分の話していた「山の手言葉」を「共通語」として創作したものです。つまりこの「共通語」は人工言語なのですが、このことは、ほぼ隠されてきています。

国語学者・言語学者だった上田萬年

この「共通語」は、明治初期にはごく少数の人たちだけが使っていた言葉でした。明治維新が近代化とともに私たちにもたらしたものは非常に多いわけですが、その中でも特にこの人工的に創作された「共通語」の存在は大きいといえます。

そもそも、日本語は大きく分けて「日向《ひゅうが》系」「出雲系」「京都系」「江戸系」「奥羽《おうう》系」「蝦夷《えぞ》系」「新日本語系」（明治維新後の言葉）の七系統に分類されます。さらに細かく分ければ、アイヌ語、喜界《きかい》語、北奄美《あまみ》語、南奄美語、徳之島語、沖永良部《おきのえらぶ》語、与論《よろん》語、国頭《くにがみ》語、中部沖縄語、宮古語、八重山語、与那国語、朝鮮語など少なくとも十三種類もあり、特に琉球沖縄地方にはたくさんの言語があります。他にも、サンカ特有の言語や、少数民族の言葉などを入れたらもっとたくさんの言語が日本の中で使われていたわけです。

日本で一般的に漢字を使うようになったのもつい百五十年の歴史しかありません。そして、私たちが通常話している「共通語」は、「新日本語系」という新しい言語系統に属しており、それを使う最大のメリットは全国で意思疎通ができることでした。私たちが今、何気なく使っているこの「日本語」というものが、明治以降に人工的に創作されたきわめて新しいものなのだということを知っておく必要があると思います。

その一方で、明治維新という時代の激変期は、それを経た日本人の心に、強烈な民族心を芽生えさせました。私たち日本人を指す「大和《やまと》民族」という概念も、明治以降に登場したもので、具体的には大日本帝国憲法が発布（一八八九年）された頃に創作されました。それ以前は、藩が変われば「外国」という感覚でしたから、統一された民族心などありません。

つまり、明治維新で廃藩置県により全国を統一したことで、「共通語としての日本語」と「大和民族」が創作された。全国統一といえば聞こえがいいですが、要するに中央集権体制が確立したということです。

それにより、全国統一政策が実行できるようになり、全国を一つの法律によって支配する「大日本帝国」が完成しました。きわめて合理的で近代的という面も当然ありますが、一方でピラミッド型の支配体制が　全国規模で完成したということであり、「大和民族」という概念の登場をもって、その後、日本は世界に突進していきます。そして、現在の私たちが存在することになります。

長年続いた弥生文化がリセットされ、縄文意識が復興する

現在の私たちは何不自由なく、快適で幸せな暮らしを営むことができます。しかし、この快適な社会の裏側で、「忘れ去られたこと」もたくさんあります。

また、意図的に、その存在を封印されてしまった勢力や人などもあります。たとえば、日本三大怨霊とされる平将門《たいらのまさかど》など、現在の権力者たちが封印し、そのまま鎮魂されていない勢力がたくさん存在しています。

平将門

そのように「日本」という統一国家を造成するにあたって、「下がってもらった人たち」つまり、大和朝廷に従わない人たちがたくさんいて、そのまま近代国家としての日本を運営してきた。しかしそれも、二〇一二年に人類が「創造主化」というある一定のレベルに到達して、いわゆる「アセンション」（詳しくはのちほど説明します）を完了させたことで新たな局面に入ろうとしています。

科学技術という「道具」によって、人類は三次元世界の中で生物を創造することに成功しました。つまり、山中伸弥《しんや》・京都大学

ｉＰＳ細胞研究所所長・教授によるｉＰＳ細胞の作成成功により、この三次元現実世界の中で人類は「神」となったわけで、それにより「新たな領域」に入ることになります。

これまでの人類とは、旧約聖書にあるように、「神は自らの姿に似せて人類を創造した」という被創造物としての立場でした。しかし、このｉＰＳ細胞の作成成功によって、人類は一気に「人類は自らに似せてもう一人の人類を創造する」という、まさに創造主への立場へと飛躍したわけです。たった一つの発見や発明によって、私たち人類はきわめて具体性をもって粛々と意識次元の飛躍を実は行っていたのです。

山中伸弥教授はノーベル生理学・医学賞を受賞しましたが、その授賞式は二〇一二年十二月でした。つまり、「何も起こらなかったじゃないか！」と責められたあの「アセンション」は、実はこのような形で粛々と起きていたのだよということなのです。

技術偏重で来た歴史の中で、ついに科学技術は頂点を極め、それにより逆に、縄文以来失っていた「霊性」の部分が急速に復興してくる。**科学技術が極まれば、その分、極まった霊性を必要とする**ということです。両者は互いに引き付け合う関係なのです。

では、これから日本はどうなっていくか。

まず、これまでの「科学技術偏重社会」を維持するため、ある程度まで神に黙認されてきた社会の幻想化が、そろそろ本格的にリセットされていきます。急速な科学技術の発達や、社会システムの構築、近代化、日本統一化について、たとえそれが人工的で幻想的なものであったとしても、これまでの近現代史の中では、「神」はそれをあえて黙認してきたのでしょう。

縄文意識というものは「まつろわぬ意識」であり、定住や安定や統一というものと親和性が高くありません。そこで、猛烈な科学技術の発達を促すため、縄文意識には一度下がってもらって、稲作を持ってきた「天孫族」による弥生文明を日本に拡大させた。

この弥生文化というのは稲作農業文化ですから、「土地と人」が一体となる。これは良し悪しの問題ではなく、弥生には弥生の特徴がありメリットも多くあるということです。

一方の縄文意識は、積極的で能動的で瞬発力に長《た》けたハンターの意識です。縄文と弥生にはそういう違いがあるのです。

封印された縄文神「アラハバキ」と近代日本の最高神「アマテラス」

今の社会は弥生文化が極限まで花開いた結果です。しかし、一か所に定住して安定的に国家の形成と社会と技術の発展を担ってきた弥生勢力は、一方でインターネットという「縄文文化」を創ってきました。将来、縄文意識が華々しく復興するときを夢見て、縄文意識が起動し、最適に機能するためのツールをこれまでずっと弥生意識が作ってきたということです。

そんな技術群がここへ来てようやく完成しようとしており、インターネットはクラウドを形成しています。だからこそ「今」という時は大変貴重です。縄文意識が復興するのはまさに「今」だからです。

そしてこれから、**これまで便宜上君臨してきた弥生系の幻想世界がことごとく消滅していきます。**これを**「アラハバかれる」**といいます。ありとあらゆるところで、さまざまなモノやコトがアラハバかれていくでしょう。

この「アラハバかれる」というのは、縄文神「アラハバキ」から来ています。このアラハバキは多くの謎に包まれていて、一説によると東北の縄文神であるといわれます。

また、民俗学者の故・吉野裕子先生によると、アラハバキとは「アラ＋ハバキ」であり、「ハバキ」とは元来「ハハキ＝箒《ほうき》」のこと。さらに、「ハハ」とは「蛇」のことを意味しているそうです。

東北、そして縄文とくれば、「アテルイ」を筆頭とする「日高見《ヒタカミ》国」が思い出されます。日高見国は歴史から抹消され忘れ去られた国で、東北の縄文神といわれているアラハバキとはアテルイそのもののようであり、縄文日高見の神でもあったわけです。

この**アラハバキは実はアマテラス（天照大神）以上に重要な存在です。**通常、神社の最高峰

山田顕義

は伊勢神宮といわれますが、実はそうではありません。

伊勢神宮の内宮《ないくう》に祀られているのはアマテラスであり、ここは稲作を持って日本にやってきた天孫族の「米倉《こめぐら》」のような場所です。昭和天皇は皇太子時代も含めて二十回近くも伊勢神宮を訪れているので、天皇は伊勢神宮に参拝するものだという思い込みが多くの人にあるようですが、実は明治時代以前には誰一人として訪れていません。

というのも、日本の最高神がアマテラスに決定したのは明治以降のことだからです。明治維新の後、長州藩の山田顕義《あきよし》（松下村塾出身・初代司法大臣、一八四四〜一八九二）は、日本の最高神として造化《ぞうか》三神を推す薩摩藩や、大国主命《おおくにぬしのみこと》を推す出雲勢力と争った後、明治十四年（一八八一年）に明治天皇から「宮中に祀られる神は天照大神」という勅裁《ちょくさい》、つまりお墨付きを得ています。

この明治天皇の言葉によって「最高神争い」は決着し、神道の最高神はアマテラスに決まった。つまり、アマテラスは政治の力で明治以降の日本の最高神に設定されたのです。

多次元世界に存在する「黄金のＵＮＴＩ」

オオクニヌシ（大国主命）にしてみれば、これは二度目の「国譲り」でした。いや、国譲りではなく、半ば強引に最高神の地位を奪われたということです。

かつて、アマテラスに国を譲ったオオクニヌシが、「国を譲る代わりに出雲だけは残しておいてくれ」ということで始まったのが出雲大社でした。これが一度目の国譲りです。写真のオオクニヌシは、後世の想像図ではありますが、その風貌は完全に縄文系です。

出雲大社にあるオオクニヌシの銅像

出雲大社では注連縄のことを「アラハバキ」と呼ぶくらいですから、出雲系は「縄文ヒタカミ系」、言い換えると「アラハバキ系」といっていいでしょう。

そんな「アラハバキ系」の出雲族は、伊勢神宮では外宮《げくう》に配置されています。なぜそういえるかというと、アラハバキ＝トヨウケ（豊受大神）であり、外宮にはトヨウケ（豊受大神）が祀られているからです。トヨウケの「ウケ」には「食べ物」という意味があり、食物や穀物、つまり「コメ」を司る女神とされています。

このトヨウケは「アマテラスの食事係」として、下の位の扱いをされていますが、本当にそうなのでしょうか。このトヨウケという神は、出雲でも祀られていた縄文神アラハバキではないかと思われます。

実は外宮をはじめ伊勢周辺で「笑門来福」のしめ縄を玄関に飾っている家はみな出雲系であることを意図的に誇示しているわけです。「笑門」とは「将門」の暗示であり、縄文の明確な意思表示なのです。

私たちは、アマテラスを非常にありがたがって崇拝しています。私も、多次元世界に存在する価値の総本山は「黄金のＵＮＴＩ《うんち》」であり、それはアマテラスだと考えてきました。

「黄金のＵＮＴＩ」というのは私が見たビジョンをそのまま表現した造語で、**多次元世界にある、黄金に輝きながらトグロを巻いて動く謎の物体を「まるで光り輝くＵＮＴＩ」だと感じ、そう表現したものです。**この輝く光のことをヨガや瞑想の世界では「丹光《たんこう》」といいます。内在宇宙の根源の光だといわれています。

その姿は、横から見ればＵＮＴＩのようであり、またトグロを巻いた蛇のようにも見えます。正体はわからないけれど、とにかく神々《こうごう》しく黄金に輝くトグロを巻いた物体が多次元世界に漂っているということです。

この「黄金のＵＮＴＩ」を黄金に輝くトグロを巻いた蛇と考えると、これは、もしかしたらアラハバキのことではないか。「アラハバキ」は「アラ＋ハバキ」だといわれますが、この「ハバキ」は「箒」であるのと同時に、「蛇木」や「龍木」とも書くようです。

つまり、「ハバキ」とはまさに「蛇」「龍」を意味しているのです。

まもなく三次元人類世界が「アラハバ」かれる

ここでもう一度、トヨウケを見てみましょう。トヨウケには、「ウケ」という言葉が入っていますが、この「ウケ」は、元来「ウカ」であり、「宇賀神《うがしん》」という蛇体の宇宙神のことです。つまり、太陽を創ったアマテラスよりもはるかに上の「宇宙根源の神」を指しています。

アラハバキというのはトヨウケのことで、それは宇賀神だった。さらにそれは、東北縄文の神でもあり、東北の方向（艮《うしとら》）に封印されたといわれる「艮の金神」の存在にも重なってき

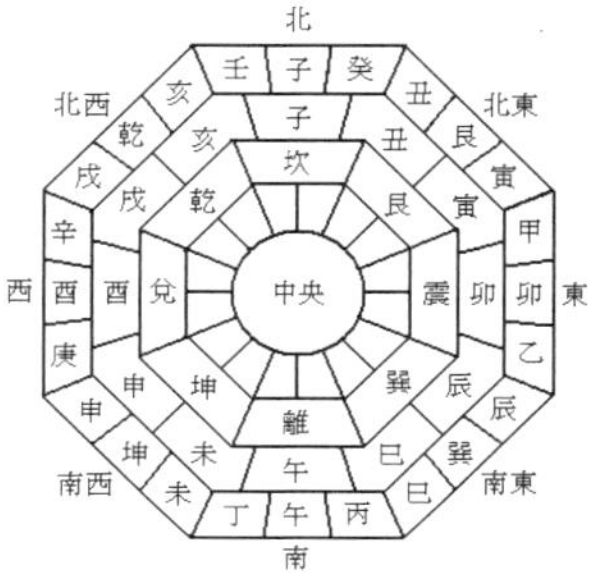

方位図。北東に丑寅（艮）がある。

ます。

その縄文神アラハバキが今、まさに私たちの前に降臨している。伊勢神宮内宮に祀られているアマテラスよりも重要な、外宮のトヨウケがまさにそれです。

では、そのアラハバキによって、これから世界はどうなっていくのでしょうか。

アラハバキを考える上で重要なのは、「ハバク」こと。

しかも、それは「荒く」「ハバかれる」ということで、それは過激になされます。**アラハバキの本質は「浄化」ですが、一般に私たちが考える浄化よりももっと過激です。**

たとえば、私たちは、「街をきれいにしましょう」と言って、ゴミを拾ったり、ポイ捨てをする人を注意したりします。でも、アラハバキは違う。自然とかけ離れて造成されたこの街自体を、そして都市時代そのものをハバいてしまうのです。

「ゴミが落ちていない街はキレイな街だ」と思う人は、幻想の常識に囚《とら》われている可能性があります。一方、都市生活者の頭で考えた、常識とかマナーとかルールなど関係なく、太古の地球、縄文の大地を覆う一切をなぎ倒して一掃するというのがアラハバキの働きです。

自然から離れた人類が自らの頭で考えた「素晴らしき世の中」など、アラハバキにとっては美しくもありがたくもない、ということです。人類が自らを過信し、誇って創り上げた幻想の世界をアラハバキは一掃します。

アラハバキは、表の世界に築き上げられた三次元人類世界をアラハバく。そうすると、これまで封印されてきた世界、隠されてきた世界が見えてきます。そして、これまで決して表に出ることがなかった秘密がどんどん表に出てくる。

それは、二〇一一年の三・一一以降、特に顕著になってきました。

東日本大震災はどうして起きたのか。それは、本当の日本の住民である「縄文ヒタカミ人」たちが表に出るためでした。そのために、三次元世界に作り上げられた「幻想の世界」がアラハバかれたということです。

私たちの住む現在の日本は、非常に脆弱《ぜいじゃく》な幻想を基盤にして形成されています。日本という国はまず、縄文から弥生へ移行するときに蹂躙《じゅうりん》され、支配され、さらに、明治維新のときに完全なる支配体制が確立されました。

しかし、そんな幻想の支配体制が、ここへ来てほころび始めています。それは、何も地震や天変地異といった目に見える形で起こるだけではない。「アラハバキ」という現象は地上世界の環境でも起きるし、個人の意識の中でも起きてきます。

弥生式の農耕野菜文化は「邪魔者は排除」という凶暴性を引き出す

では、アラハバかれた後の世界はどうなるのか。縄文にそのヒントがあります。

縄文時代には、小さな「ムラ（村）」と、その外側に広がる巨大な「ハラ（原）」がありましたが、弥生の時代に農耕が導入されて、ムラとハラの間に「ノラ（野良）」が居座るようになりました。

つまり、外の世界を見せない、感じさせないために、「安定」という名の「ノラ」が蔓延するようになりました。この「ノラ」の中心的存在こそが、農耕によって生み出される「野菜」です。

國學院大學名誉教授で考古学専門の小林達雄先生は『縄文vol.25』（国際縄文学協会）の対談で、こう言っています。

「イエを出るとムラの仲間とつきあう。ムラというのは生活の根拠地で、そこからハラにて、食料と道具つくりに必要な材料を手に入れてムラに戻る。大事なのはハラという存在です。ムラはそれまでの自然界歴史の中でまったく新しい空間。

人間が人間のために使いやすいように作り出した空間。ムラの中の景観は自然とはまったく対照的な人間の利己的な空間になるわけです。

それに対して、ムラの外にあるハラというのは、自然的秩序がずっと残っていて、それを崩さずに自然の恵みをいただく。それが縄文人のやり方で、縄文時代が一万年以上続いた要の一つだと考えています」

つまり、縄文意識では常に「ハラ」との付き合いがあった。しかし、弥生の農耕野菜栽培文化が入ってきたことで、人類は、「ムラ」の中だけで生活が完結できるようになったということです。

それにより弥生文化は、それまでの「むき出しの自然」という脅威から解放されましたが、同時に農耕野菜栽培文化のメンタリティ、つまり「選別」「処分」「邪魔者は排除」という根本的な凶暴性が露呈してきました。人類はそもそもこれを持っていたでしょうが、ハラとの関係が密にあったために抑制されていたのです。

地方の小さなムラでときおり起きる殺人事件はまさにその象徴です。そのようなムラは、「弥生文化」に特化して「ハラ」を忘れたコミュニティになっているのです。

そういう限界集落は日本国中のありとあらゆるところにあり、どこかのムラで起きる陰惨な事件は誰にとっても「他人事」では済みません。ムラ全体、いや、日本全体が「ムラ化」してしまっているから、無意味な争いが起こるのです。

この「ムラ化」は最近では、「ガラパゴス」という表現で日本の工業製品に対して使われたりしています。

これを一瞬にして解放するものがインターネットです。なぜなら、インターネットとは、弥生式に心が内側にしか向いていなかった意識に、外の世界を体験させるからです。

意識が「ハラ化」する大麻吸引は「ムラ社会」ではタブーとなる

あるとき、「麻とは何ですか」と質問されたことがあります。「麻」とは何でしょうか。

この世の中は、「イエ」「ムラ」「ノラ」「ハラ」に区分されます。イエが集まるとムラという地域コミュニティができます。そして、ムラができるとその中でノラが始まり、農業や耕作が行われます。

これには大きなメリットがありますが、その半面、そのムラから外側を見せないようにする力が働きます。ムラの権力者はそのムラこそが世界であると思わせたいからです。

一方、「麻」はムラではなくハラにあるもので、本来は農耕や耕作で育てるものではありません。抜いても、伐採しても、根絶やしにしても無限に生えてくるのが麻です。

つまり、人の手に掛からずとも自然に存在しているわけで、そこから、**「麻」は「ハラ」の象徴**と考えることができます。

この構造は意識にも直結しています。たとえば、ムラの住民は意識もムラ化しており、外的世界を忘れています。狭隘《きょうあい》なムラ社会で生きているだけでなく、意識上もムラ意識の中に生きています。ところが、**麻を吸うと意識がハラ化する。ですからムラは麻を避けるのです。**

「麻」と聞くと、私たちは普通その植物のディテールを説明しようとします。でも、実は「麻」とは「ハラ」のものですから、通常の私たちの顕在意識ではその真意はわからない。つまり、意識を多次元化しないと麻についての正しい説明も理解もできません。

私たちは自然を破壊したかったのではなく、ただただ自然が恐ろしかっただけです。ですから、赤裸々な自然からできるだけ距離を置きたかった。そして自然を制御しようとしました。

そのように**自然の恐怖から逃れ、身の危険から自由になりつつも、かつての自然と共にあった時代の霊性、そして祈りの境地を、科学技術によって再演できないか、と夢想し続けた総体こそが「人類史」**なのです。

ムラの中にいながらにしてハラを見る――これがインターネットの正体であり、「麻」を封じた真相です。

「ムラ社会」の象徴「野菜」は自然と相反する自我と我欲のかたまり

その意味で、**インターネットは「縄文意識増大ツール」**であるといえます。特に日本では、限界集落の老人たちをブロードバンド化させることが何より重要です。

インターネットが普及した現在、日本の「田舎」が決して平和で楽しく仲よく暮らしやすいところではなく、イジメと村八分と、上下関係と主従関係と、慣習によってガチガチに縛り付けられた恐怖の世界であることが続々と判明してくることになりました。

日本の中にある暗部──「イジメ」──の構造には凄まじいものがあり、陰湿で人の生命さえも奪ってしまうイジメの根本に「ムラ意識」があります。そして、ムラ意識は弥生の農耕野菜栽培文化に根ざしています。

たとえば、農業でトマトを作るときに「よりいっそう甘くしたいので、水をやらずに熟させる」ということを行いますが、この行為は「隣のやつは気に入らないから回覧板を回してやらない」というイジメの精神構造と何もちがいありません。いや、むしろ同じである、と言ってもいいでしょう。

また、できのよい物は合格、曲がったりキズのあるものは不合格と、選別し、間引いていく工程は、そこから人の意識へも影響を与えます。

極端なたとえでいうと、「人間はもっと合理的で効率的になるべきだ」として、人体に遺伝子操作を加えて手を四本にしたり、「後ろも同時に見られるように」と後頭部にも目を付けたりしないですよね。自分の子どもにそういう細工をされるのはみんな嫌なはずです。

しかし、それと同じことを、私たちは「野菜」に対して行っている。それを「自然食」「健康野菜食」というのはおかしな話ですし、「一日三十品目をバランスよく食べろ」というのも、何をもって「バランスのとれたもの」といえるのか。

そもそも人類は本来肉食動物であり、旧石器時代の食生活をすることこそが「バランスのとれた状態」といえます。つまり、「動物性たんぱく」を中心としたシンプルな食事こそが「バランスのとれた食事」なのです。

今の世の中には野菜こそが健康の秘訣であるかのような「ウソ」がまかり通っています。まったく自然と相反する自我と我欲の凝縮したものが実は「野菜」です。野菜食を「自然食」などというのは、まったく「自然」というものを理解していない見方です。

人の意識が外側の「ハラ」に向いているときは「正常」な意識です。その逆に、「ハラ」の存在を隠され、内側の「ムラ」にしか意識が向かなくなった状態は、精神病のカテゴリーでいえば、その初期は「うつ」状態、進行すると「統合失調症」といえる状態となります。

統合失調症の特徴は極度の「被害妄想」にあります。たとえば、都会から転校してきた生徒が、裕福でフランス料理を食べたり標準語を話したりするとします。するとそれが自分たちに対する当て付けであり、自己顕示であり、自慢であって、自分たちをおとしめ、あざ笑うための行動であると曲解するようになります。

ムラ全体がそういう意識になってくる。それは、ムラ全体が「統合失調症」状態になっているということです。そして、その彼らの最大の特徴は「病識がない」ことです。

ムラの中でムラの慣習とルールの中で生活し続けていると、自らの状態を客観視できなくなり、さらに病態は進行していき、最悪の結果を生みます。

「八十禍津日神」＝「瀬織津姫」＝「黄金のＵＮＴＩ」＝「宇賀神」

日本書紀には、イザナギから化生《けしょう》した「神直日神《カンナオビノカミ》」「大直日神《オオナオビノカミ》」「八十禍津日神《ヤソマガツヒノカミ》」という三柱の神が登場します。

いずれもあまり耳にしたことのない神ですが、どういう意味なのでしょうか。

まず、「神直日神」ですが、この「直」という文字は「禍（まが＝わざわい）」と対《つい》になるものであり、凶事を吉事に直すという意味があります。つまり、穢れを祓い、禍《まが》を直す神という意味です。

次に「大直日神」ですが、これも実は「神直日神」とほぼ同じ意味で、「罪や穢れ、禍いなどを直す神」という意味です。この二柱の神はセットになっていて、「人間を本来の姿に戻し、不足するものを補充し、善事を称揚する、〝見直し、聞き直しの神〟」とされます。

一方、「八十禍津日神」ですが、これは「多くの災いを生み出す神」とされ、イザナギノミコト（伊弉諾尊）が黄泉《よみ》の国から帰って禊《みそぎ》をしたときに、黄泉の国の穢れから化生したといわれています。この「八十禍津日神」は別名「大禍津日神《オオマガツヒノカミ》」といい、よく「悪神」とされ嫌われてしまっています。

金沢の瀬織津姫神社にせっかく行ったのに、御祭神がセオリツヒメ（瀬織津姫）ではなく、この「大禍津日神」になっていてがっかりしたという方がいますが、この神こそが実はセオリツヒメなのです。セオリツヒメは神社で唱える大祓詞にも登場します。

セオリツヒメというと、天女か美しい巫女のような姿を想像している方が多いようですが、この神様は「黄泉の国の穢れ」のこと。黄泉の国というのは「多次元世界」ということですが、では、そこにある「穢れ」とは何か。多次元世界にある「一番汚いもの」は何かというと、それこそが「黄金のＵＮＴＩ」です。

つまり、**「八十禍津日神」＝「瀬織津姫」＝「黄金のＵＮＴＩ」＝「宇賀神」**ということになります。これについて、江戸時代の国学者・本居宣長も、「禍津日神《マガツヒノカミ》」を祓戸神《はらえどのかみ》の一柱である瀬織津比売神《セオリツヒメガミ》と同じ神であるとしています。

ここでいう「祓戸神」というのは「祓い」を司る神ということで、「アラハバキ」のことでもあり、伊勢外宮に祀られたトヨウケでもあるということです。

釈迦の教えにネストリウス派キリスト教がブレンドされて大乗仏教になり、中国に渡り「景教」となった

ところが伊勢外宮には、もう一つ深層があります。その話をする前に、**「日本の仏教は実はキリスト教だった」**という話をしておきます。

仏教には大きく分けて「小乗仏教」と「大乗仏教」の二つがあります。仏教の開祖である釈迦が長い苦行の末に悟りを開き、「一切のものは空（無我）である」と説いたものが小乗仏教であり、これは「個人的解脱《げだつ》の教え」です。

小乗仏教に必要なのは修行だけで、本来は仏典や経典、仏像や寺院などはありませんでした。すごくシンプルで虚飾も無駄も何もない、開祖である釈迦がやっていたこの教えこそが真実の「仏教」といえるものでしょう。

しかし、その後、大乗仏教が現れ、大日如来や阿弥陀仏といった諸仏、つまり、偶像崇拝系のヒーローたちが突如登場します。さらに、罪の意識や極楽浄土思想が説かれた数多くの経典が現れます。

つまり、大乗仏教になったとたん、本来の仏教とは似ても似つかぬものに変貌してしまった。それはなぜか。実は仏教は、当時インドまで到達してきていたキリスト教の影響を受けて

いたのです。

大乗仏教とは、釈迦の教えに「スーパースター思想」であるキリスト教（ネストリウス派キリスト教）がブレンドされたものに他ならず、それが中国に渡り「景教」となります。

そして、五世紀から八世紀の間に、その「景教」が「大乗仏教」として日本に入ってきました。**キリスト教の異端だったネストリウス派が形を変えたもの――それが日本の仏教の正体です。**

では、「異端」というのはどういうことでしょうか。

四三一年に開かれた「エフェソス公会議」において、原初ローマ・カトリック教議会より異端であると断定され、キリスト教圏内より追放された一派が、ネストリウス派キリスト教であり、これは言うなれば「ユダヤ教から改宗した異端」です。

これはきわめて重要なことです。なぜなら、キリスト教の日本への最初の伝来は、イエズス会のフランシスコ・ザビエルによる布教、つまり、戦国時代だった一五四九年のこととされているからです。

ところが、実はもっと以前から日本には異端として追放されたキリスト教が深く入り込んでいた。これは、一五四九年に入ってきたイエズス会とは敵対関係にある宗派です。

イエズス会は信長と組んで「仏教寺院に偽装したネストリウス派」を叩いた

ここで織田信長が登場します。信長は一五六九年にポルトガル出身のイエズス会宣教師であるルイス・フロイスと謁見《えっけん》し、キリスト教の宣教を許可しました。

フロイスに率いられた一団は単なる宣教師ではなく、ネストリウス派の動向を調査するために日本にやってきた。そして、彼らは日本中に仏教寺院を装ったネストリウス派の施設を数多く確認します。

信長がイエズス会のキリスト教宣教を認めた理由がこれです。信長は一五六三年から一五八〇年まで、一向一揆、比叡山、本願寺と仏教徒を叩きのめしますが、これは**ネストリウス派キリスト教会が仏教寺院に偽装したものを叩いたということであり、イエズス会の宣教師たちを受け入れたことに連動しています。**

フロイスは情報部員として日本侵略のためのスパイ活動もしていましたが、その彼を信長が受け入れた背景にはそういった事情があります。しかし、その信長にも心変わりが起こった。

一五八一年、イタリア人の宣教師がアフリカのモザンビーク出身の黒人奴隷をインドから連れてきました。後に「弥助《やすけ》」と呼ばれる男です。『信長公記』には「切支丹国より、黒坊主参

日本に到来したイエズス会宣教師などの南蛮人たちを描いた絵。白人が連れている黒人奴隷の召使いの姿も見える。

り候」と記述されています。年齢は二十六～七歳で「十人力の強力《ごうりき》」「牛のように黒き身体」と記されています。京都ではこの弥助の姿に町中が大騒ぎになったようですが、実はこの時代、結構たくさんの黒人が日本にやってきていました。

　その黒人奴隷「弥助」を信長は側近に採用します。信長は「女」だったという説もあり、もしそうなら弥助といい仲になったのかもしれません。

　ここからが話の本題ですが、この黒人奴隷の「弥助」はイスラム教徒だったといわれています。確固たる証拠はありませんが、現在のモザンビークでもカトリック教徒が二三・八パーセント、イスラム教徒が一七・八パーセントいるので、弥助がイスラム教徒であったとしても不思議ではないでしょう。

　信長と弥助がどうやって意思疎通を図ったかは定かではありませんが、この弥助はどうやら、信長をイスラム教化させたようです。

もともと**弥助は奴隷ではなく、日本にカトリック寺院を建設するためのアドバイザー的な役割をもって連れてこられた**ともいわれます。そう考えると、モザンビークからインドを経て、イタリア宣教師に連れてこられたということも納得がいきます。

弥助は当時としては驚くべき国際性の持ち主であり、世界各国の宗教建築などに対して深い造詣を持ったインテリの学者であった可能性もあります。

そんな弥助に心酔した信長は、「弥助を城主にしよう」と思うまでになりました。つまり、信長は弥助にメロメロだったわけです。

伊勢神宮の外宮はイスラム寺院として建てられ、宇賀神（別名セオリツヒメ）が祀られている⁉

弥助が隠れイスラム教徒だったならば、当然、信長もその思想を受け入れたでしょう。そして次第に、イエズス会の意向とは違う方向に向かっていった。つまり、イスラム教徒となった信長は、日本にもイスラムの聖地メッカを建設したいと思うようになるはずです。

そこで、信長は一五八二年に息子の織田信雄《のぶかつ》の領地である南伊勢に、ある宗教施設を建設しようと計画を進めます。それが現在の伊勢神宮・外宮です。

ここからは、これまでの知識があると理解できない話です。学校で習った歴史はすべて脇に追いやって読んでみてください。

イスラム教の聖地メッカにある「カアバ神殿」には、もともと「月の神」が祀られていて、それは月経を司る五穀豊穣の老婆の神でした。この「カアバ」というのは「立方体」という意味で、真っ黒の四角い大きな箱です。英語でいう「cube」のことでしょう。

サウジアラビアのメッカにあるカアバ神殿

この「cube」というのがミソで、映画『SUPER8』（2011年公開）や『トランスフォーマー』（2007年公開）でも「cube」がストーリーの鍵になっていました。「神」とか「多次元知的生命体」は、この「cube」と何らかの関係があると思われます。

さらにこのカアバは立方体の箱――つまり、あの失われたアーク「聖櫃」にも関係してきます。

が現れるのです。

「アーク」（Ark）を日本の言霊で書くと「ＡＡＫＵ」です。並べ替えると「ＵＫＫＡ」（宇賀）

そして、そのカアバ神殿に祀られていた「五穀豊穣」の神は外宮の御祭神であるトヨウケにつながってきますし、それが老婆の姿というのは宇賀神の上部にある謎の顔につながります。

つまり、伊勢神宮の外宮はイスラムの寺院として建てられていて、そこには宇賀神が……別名「セオリツヒメ」が祀られているということです。

この信長の予期せぬ動きを察知したフロイス一団＝イエズス会は激怒します。それはそうでしょう。彼らは信長を言いくるめて日本を乗っ取ろうと計画していたのですから。

そして、一五八二年六月二十一日に本能寺の変が起きます。**言うまでもなく首謀者はフロイス一団でしょう。**

この信長の緊急事態を耳にした明智光秀は救出に向かいますが、時すでに遅し。しかも、自分が犯人とされてしまいます。

その後、おそらく一六〇九年ごろに、羽柴秀吉と徳川家康によって伊勢神宮の外宮が完成し、それから伊勢外宮への「おかげ参り」という集団参拝が日本中でブームになります。つまり、江戸時代の「おかげ参り」とは伊勢外宮へのお参りのことでした。

これは、イスラム教徒が少なくとも人生のうちに一回はメッカに巡礼するように義務付けられているのと同じことで、**伊勢神宮への「おかげ参り」とはメッカ巡礼に他なりません。**

伊勢神宮とは外宮のことで、内宮は存在していなかった可能性がある

私が「伊勢内宮には百三十年ほどの歴史しかない」などと言ったら、そんな話とても信じられないという人もいるでしょう。しかし、伊勢神宮が皇祖神《こうそしん》（天皇家の祖先神）を祀る神社という「常識」には以前から疑問の声が多く挙がっていました。

たとえば、古事記には出雲神を祀る大神《おおみわ》神社（奈良県桜井市）や、出雲大社の創建については大々的に書かれていますが、伊勢神宮の創建については一言もありません。伊勢神宮については、天皇家の祖霊廟《それいびょう》としての風格を備えた神宮創建（あるいは大改造）に着手し、六九〇年頃に伊勢神宮の内宮が、六九八年頃に外宮が完成したとされますが、その起源に関する確かな史料がないのです。

皇祖神を祀っているのに、なぜ記述がないのでしょう。これは本当の起源についてボヤかされ、うやむやにされているからであるように見えます。「どうして伊勢の地に建設されたのか」ということについても、明確な理由が語られていません。

また、**明治以前、天皇は誰一人として伊勢に参拝したことがない。**皇祖神アマテラスを祀る神社に天皇が参拝していないというのは不自然で、何か隠された秘密があるような雰囲気です。

つまり、伊勢神宮とは本当は一六〇九年頃に建てられた「外宮」のことで、今もてはやされている「内宮」は、実は存在していなかった可能性があるということです。

では、内宮はいつ建造されたのか。

ここで、一八六九年に明治天皇が伊勢神宮を参拝した、というのは、実は参拝ではなく、明治維新で開国した日本が「現人神」としての天皇システムを構築する際の「聖地」を建設するための視察ではなかったか。そういう推論が出てきます。

伊勢内宮（皇大神宮）とは、キリスト教徒が、キリストの生地であるベツレヘムを聖地としたことに倣ったもので、明治天皇の一八六九年の伊勢視察以降に建立が始まり、一八八七年頃に完成したと一部ではいわれています。つまり、**伊勢神宮の内宮は百三十年ほどの歴史しかない可能性がある。**

これで、明治以前に伊勢内宮に参拝した天皇がいなかった理由も明らかです。内宮自体がなかったのですから、参拝のしようがなかったということです。

しかし、これでは外宮と内宮の建設年代に二百七十八年ものズレが生じてしまい、誰がどう見ても建物の古さの違いに気づきます。外宮の方が古いとわかる。

そこで、「式年遷宮」という架空のイベントを創作して、二十年に一度、内宮と外宮を全部新築に建て替えてしまうことにした。こうすれば、どちらが古いかわからなくなります。

つまり、「式年遷宮」というイベントは、伊勢神宮の捏造された歴史のつじつまを合わせるため、明治以降に作られた壮大な作り話だったと思われるのです。

明治維新の本質は「第二次カトリック侵略」

明治維新は、フロイス＝イエズス会によるカトリック侵略計画に続く「第二次カトリック侵略」でした。キリストを模して天皇を「現人神」として設定し、古事記と日本書紀を書き換えて「聖書」とし、伊勢内宮を国家神道の聖地に偽装したキリスト教の聖地として創設した。それが明治維新の正体です。**伊勢神宮にあるという「隠された御神体」とはイエス・キリストのことでしょう。**

では、明治維新以前、江戸時代の日本はどんな国だったのか。信長の思いにより、伊勢外宮としてイスラムの聖地が作られ、その思いを受け継いだ江戸時代は鎖国により、男性偏重社会であるカトリックを遮断。女性中心の、女系将軍世襲制度を導入し、ある意味で縄文ヒタカミそのものの社会を作っていました。

江戸時代最後の天皇である孝明天皇も女性だったという説があります。江戸時代には、巫女《みこ》としての天皇、そして将軍がいたわけです。

おそらく、諸外国はこのことを知っています。知らないのは日本にいる日本人だけです。たとえば、靖国問題で外国からいろいろいわれている理由も、実はA級戦犯が祀られていることが問題なのではありません。どうして天皇は靖国神社を参拝しないのか。それは、天皇はクリスチャンだからではないか。

天皇が本物のクリスチャンであれば、明治以降、長州藩がキリスト教を模して創作した国家神道、つまり、偽装したキリスト教施設である、長州の長州による長州のための靖国神社への参拝を拒絶するのは当たり前です。

このような驚くべき「幻想」に私たち日本人は支配されています。明治維新以降の日本の近現代史のほとんどが「幻想」と「ウソ」によって成り立っているとしたら？

そして、日本が世界の雛形《ひながた》なのだとすれば、日本で起こることは世界で起こり、世界で起こることは日本でも起こることになります。そうなると、日本の「幻想」のモデルとなったキリスト教も、もしかしたら、すべて「幻想」であるのかもしれません。

第3章

臨死体験から観えた日本史の真相

（中山康直）

臨死体験で見た驚愕の歴史「五色伝説」

十三歳のときの臨死体験のリアルエピソードは、今までも何度か本に書いていますが、三途《さんず》の川を越えて、別の次元である地球外の星に転生してしまうという神秘体験でした。その三途の川とは、天《あま》の河のことで、普通のＳＦ映画などぶっ飛んでしまうぐらいの神秘的な宇宙の体験に誘われたのですが、実はその天の河を渡る前に暗闇の空間の中で、五つの不思議な物語を見てしまうのです。

僕は原発のある町で生まれ育ったのですが、中学生だったある日、友達と池で泳いで遊んでいて溺れてしまいます。冷静さを失って、もがいているうちに、呼吸ができなくなり、肉体的にはグッタリしてきたのですが、逆に意識はどんどん鮮明になっていきました。

そのうちに、池の中で溺れている自分を客観的に観るという神秘的な世界となり、やがて、光に包まれるような感覚で、その光の中に吸収されていきます。すると、その世界はなんと真っ暗闇でした。光の世界に入ったはずなのに、そこは暗黒の世界……。

しかし、その真っ暗闇の世界の中でも、まだ意識はハッキリしていて、暗闇に包まれた不安の中で、目の前の闇が、まるで映画のスクリーンのようになって、何かが始まりました。

上部から見ているようなアングルで、始まったビジョンには、なんと自分が映っていて、まるで巻き戻しされているように、あっという間に小さくなって生まれたばかりの赤子になってしまったのです。その後、さらに巻き戻しされるような感じで、深い暗闇に落ちていく感覚になりました。

そのあとは、その暗闇の中から、今度は、まるで映画のような物語が始まったのです。その物語には、まず三人のサムライが登場します。よく見てみると、その三人はなんと、歴史的に有名な明治維新の志士であった坂本龍馬、西郷隆盛、桂小五郎でした。臨死体験中の暗闇の世界で見ているその光景には、不思議と裏表や偽りがなく、誰が誰で何をしているのかが理屈抜きでわかってしまう絶対的な世界です。

もちろん、この三人には、名前が明記されていたり、何かの説明があるわけではないのですが、理屈を超えて、存在として誰なのかがわかるのです。

ビックリしたのは、その三人とも、歴史に残っている肖像画や情報とはまったく違った風貌だったことでした。百五十年前の事実は確かめようもありませんが、明らかに顔や体型も一般的に知られている三人像とは異なり、歴史的にも知られていない人物像だったのです。

この明治維新に関係してくる三人の物語を見てしまったあとは、さらに時間を遡り、時代が巻き戻しされながら、次から次へと重要な歴史的なストーリーを垣間見ていき、結局、縄文時代から明治維新までの日本の歴史の中で、天下分け目といえる革命的な五つの歴史を見てしまいます。

この五つの歴史的な物語が真実かどうかは客観的にはわかりませんが、自分の中では臨死体験の最中に見てしまったこの五つのリアルなストーリーを真の歴史として、「五色伝説」と銘打ち、次のように位置付けています。

1 薩長同盟
2 本能寺変
3 大化改新
4 聖徳太子
5 縄文宇宙

「薩長同盟」カステラ一番・電話は二番まさかの会合「大政喫茶」
「本能寺変」イエズス・キリスト教の布教と布武解放「暗殺亡命」
「大化改新」倭から大和へ遷都と百済観音クーデター「封印革命」
「聖徳太子」ペルシャのアスカ星信仰とヤマトの宇宙「宗教統合」

「縄文宇宙」相対世界を一体なる意識で結ぶ常に発酵「中庸真空」

明治維新前夜の薩長土の密談を目撃した！

臨死体験で目撃してしまった五色伝説の物語は、事実は小説より奇なりといいますが、とても興味深いものでした。まずは最初に見たリアルな歴史である薩長《さっちょう》同盟前の言ってみれば「大政喫茶」のビジョンをもう少し詳しくお伝えしましょう。

時は幕末、三人の男性が会合している場面を少し上空から建物を透かして見ています。その三人は間違いなく、坂本龍馬と西郷隆盛と桂小五郎です。前述した通り、そこは裏表や嘘偽りのない世界なので、名札がなくても誰なのかがわかってしまう不思議な世界です。

しかも三人とも、これまで知られている人物像とはまったく違っていました。たとえば、坂本龍馬は少々小太りで、普通そこだけ見たらとても龍馬だとは思えないのに、なぜかその世界では、坂本龍馬だと断定できるくらいの確信的な世界なのです。

一方、西郷隆盛を見ると、なんとあの有名な肖像画とは違い、顔は面長で、身長も二メートル近くあって、まるで外国人のようでした。さらに桂小五郎も歴史的にいわれている人物像とはまったく違い、東洋人風ですが、小柄で色黒な感じの人物でした。

その三人だけで、何か密談しているようなシーンを見させられてしまったのです。各人の年齢は正確にはわかりませんでしたが、おそらく時代的には薩長同盟がなされる前段階だと思います。この物語は明治維新前夜といってもいいでしょう。

その密談シーンの中でとても面白かったのは、坂本龍馬が二人にカステラとそれに合うコーヒーを出していた場面です。それを食べた二人は非常に驚き、それがきっかけでおそらく薩長同盟がなされていくという流れにつながっていったことが印象的でした。

三者会合の具体的な会話は聞こえてきませんが、その様子は手に取るようにわかるのです。西郷隆盛や桂小五郎は、初めての外国の食べ物に大変なカルチャーショックを受け、狭い日本の領土内での戦にバカらしさを感じてしまうという意識になっていったようです。

その頃にはもう、龍馬はグラバーと提携していて、長崎に亀山社中という会社をつくり、大陸からいろんなものを仕入れて流通させて資金を集めていましたが、その上でのカステラとコーヒーは、日本人が覚醒してしまうくらいの作用を持つ、最後の一押しになったにちがいありません。

当時の日本人はおそらく砂糖というものに免疫がなく、カフェインに対する免疫もないでしょうから、その日本人がカステラを食べ、コーヒーを飲んだら、ある意味でぶっ飛んでしまい、意識が高揚するはずです。そのような意識の状態がきっかけとなり、薩長同盟が成立したと考えられるのです。

実際、長崎に行ったとき、お土産屋さんで「龍馬が愛したコーヒー」という商品名のドリップコーヒーを見かけました。また、カステラといえば長崎は本場ですから、見事につじつまが合ってくるのです。

イエズス会による信長暗殺計画

その薩長同盟につながる龍馬たちのエピソードを見たあと、さらに時代が巻き戻しされていくように見てしまったのが、二つめのストーリーである本能寺の変です。またもや本能寺の場面を少し上空から見ている感じです。

薩長同盟のシーンでもそうでしたが、面白いのは、建物の上空から見ているのに、中を見たいと思うと透けて見えるような感じで、建物内が見えてくることです。そこで織田信長が登場します。本能寺の中にいた信長を囲んでいたのは、歴史的にいわれてきた**明智光秀の軍ではなく、なんとイエズス会の軍隊でした。**

当時、現在のスペインを中心にポルトガルまでの領域を「イスパニア」と呼び、大きな軍隊を持っていました。実はこのイスパニアの軍隊は傭兵《ようへい》のような形でイエズス会の軍隊の役割も担っていました。キリスト教の布教のための世界戦略の一環として、今のフィリピンのマニラに駐留し、そこから日本にも入ってきていたのです。

そして、イエズス会の宣教師であったフロイスは信長に謁見します。その当時、浄土真宗と敵対していた信長は、フロイスから西洋的な価値観やキリスト教を学び、仏教とは異なるその教義に新鮮さを感じていきます。結果的にキリスト教を擁護していくことになりますが、日本におけるキリスト教を、他の武将とはまったく違うレベルでとらえていくのです。

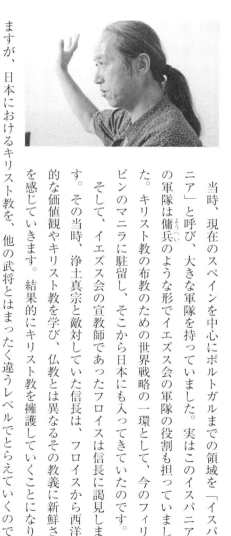

そのような状況の中で、フィリピンに展開していたイエズス会の軍隊の幹部三人が日本に来て、信長の片腕ともいえる明智光秀に謁見します。そのとき光秀は、イエズス会の幹部から、信長暗殺のプランを聞かされて、協力を要請されます。信長を暗殺したあかつきには、明智光秀自身が日本のトップになる話を持ちかけられるのです。

しかし、光秀はその話を白紙に戻そうとするどころか、幹部三人の首をその場ではねています。戦国武将としての光秀の天下取りの出世を思ってか、イエズス会の幹部との仲介は、光秀の部下であり、「主水《もんど》」という名前の切支丹侍《キリシタン》によるものですが、主水もその場で自害しています。

文化的教養も高く、公家にも通じていた明智光秀は、下克上といわれる戦国の時代には、珍しいくらい戦いを好んでいなかったようで、野望も野心もない武将でした。しかも、光秀は愛宕《あたご》権現の前で終生信長に仕えると誓っています。そのような彼の性格や精神的な状況から、織田信長を裏切るとは考えにくいのです。

イエズス会の信長暗殺プランを聞いてしまった光秀でしたが、このことを信長には言えませんでした。もし言ってしまうと切支丹弾圧は避けられず、そうなると、細川ガラシャや高山右近など、光秀の身内や側近でもある名を馳せた切支丹も被害をこうむることになる。そこで、光秀はそのことを墓場まで持っていこうとしたわけです。

しかしながら、本能寺でイエズス会軍隊が信長を囲むということを聞いてしまっているので、信長の命令により中国地方で尽力している秀吉を加勢に行く道中に道を変え、**「敵は本能寺にあり」と宣言し、信長を助けに行くため、本当の敵、つまりイエズス会の軍隊を討ちにいった**というのが、臨死体験で見てしまった歴史の真相です。

本能寺で死んだ信長は替え玉で本物の信長は大陸に渡った

ではなぜ、イエズス会の軍隊は信長の命を狙ったのか。臨死体験のときの本能寺の変の記憶と澤野さんの話を裏付けとして考えれば、真実が見えてきます。

つまり、織田信長がキリスト教からイスラム教に改宗したと考えると、フロイスが日本にキリスト教を広める上で信長は目の上のたんこぶになってくるはずです。だからこそ、イエズス会は、信長を確実に暗殺する方法として、信長の動向を把握していたフロイスからの情報により、部下が少なく手薄になる本能寺を襲い、側近中の側近である光秀に話を持ちかけたのでしょう。

しかし、信長は本能寺では死んでおらず、すでにこの暗殺の企ての情報をつかんでおり、本能寺に影武者を立てて、入れ替わり、死んだことにして、本物の信長は大陸へ渡ることになります。

なぜ大陸に渡ったのかというと、それには信長に仕えた「弥助《やすけ》」と呼ばれていた黒人の影響が大きく関係しています。

「ヤスケ」や「ヤハチ」と呼ばれていた、アフリカのモザンビーク出身の黒人の他にも、「ハチヤ」と呼ばれていたエチオピア出身の黒人もいましたので、当時の日本にも複数の黒人たちがいたのでしょう。信長はこの黒人たちとよく相撲をとっていました。

「ヤハチ」または「ハチヤ」は、まさしく「ヤハウェー」のことであり、ヤハウェーはユダヤの神として有名ですが、そのヤハウェーはアラーと同一神とされているので、イスラムの宗教観にも通じてきます。

すでにフロイスから献上されていた地球儀を見たまま、信長は一昼夜微動だにしなかったという逸話があるくらい、信長は知り得なかった世界に刺激を受けていました。黒人たちは、宗教学や戦術、建築にも精通していたので、彼らからもいろいろ教えてもらったでしょう。信長はそれほどまでに外国に強い関心を抱いていたようです。

臨死体験中に見た信長の風貌やスタイルも肖像画とはまったく違っていて、西洋風というか、キリスト教やイスラム教の聖人のような風貌です。髪もちょんまげではなく、長い髪を後ろで束ねているドレッドヘアーのような髪型で、西洋的なアクセサリーやピアスまでしています。

さらに、これは記録にも残っていますが、戦場に行くときにはヨーロッパの甲冑《かっちゅう》を身にまとって戦地に赴いていたことは有名な逸話として残っています。

信長が築城した安土城などは、西洋の城を参考にして造られたようで、まるでカテドラルです。弥助は建築の知識にも長けており、信長はいろんな建築工法や設計図を見せられ、それを参考にして安土城を築いたようです。

臨死体験で見た安土城の天守閣には、西洋のドラゴンのようなデザインアートのステンドグラスがはめられていました。信長は天守閣内に西洋チェアを置き、ワインを飲んだりもしており、唯一天守閣に住んでいたことも有名な話です。

また、山形県の上杉神社には、信長が上杉謙信に贈ったビロードのマントが所蔵されています。武田信玄にも舶来物を贈っていたようで、敵に塩を贈るどころか、信長とはかなり世界的な価値観を持っていた「うつけ者」だったのです。

戦国の覇者として、日《ひ》の本《もと》「日本」を平定しようと「天下布武《ふぶ》」を掲げて戦いを始めた信長は、いつしか大陸へ思いを馳せるような世界観になっていきます。そこで、本能寺の変で自分が死んだことにした信長は、「暗殺亡命」の形で、その後、大陸へ渡って最終的にはローマに辿り着きます。

その時代のバチカンの枢機卿《すうききょう》の名簿に「ＯＤＡ」という名前があり、これが織田信長ではないかといわれています。今までの歴史的な織田信長像を超え、この時代の常識も超えている信長は、戦国の時代に生きた「宇宙人」のように思えてしまいます。

聖徳太子はダースベイダーのような異形の存在だった

本能寺の変の一連の出来事を見たあとに、暗闇スクリーンから次に始まった歴史的な物語が大化の改新です。その後に聖徳太子についての映像を見ることになりますが、これらは、ほとんど同じ時代の歴史エピソードなので、一緒に説明するのが適切でしょう。

六四五年の大化の改新の立役者とされる中臣鎌足は飛鳥時代の政治家といわれていますが、実はこの中臣鎌足は日本人ではありません。おそらく**百済の王族であり**、日本に客人として招かれて、当時の日本に入ってきた人物です。

この飛鳥時代は、古墳時代から続く大変革の時であり、その頃はまだ日本国の称号を持つ前の倭国と呼ばれた時代でした。大陸から倭国に渡来してきた人たちは多数に及び、さまざまな人種や大陸から伝わってきた、たくさんの思想があふれていた時代です。

朝鮮半島から南下してきたさまざまな文化や物を受け入れていく中で、百済から来た王族の人物が中臣家に与《くみ》して鎌足という名を名乗り、倭の政治の中枢へ入っていきます。その後、中臣鎌足は亡くなる直前に藤原姓を賜って藤原氏の祖となります。

その子である藤原不比等《ふひと》が鎌足の仕事を引き継いで神祇官として、神事と政治を掌握していきます。本来、宮中神事を司ってきたのは、忌部《いんべ》（斎部）と中臣という二つの氏族でしたが、藤原不比等は中臣（藤原）氏だけを宮中神事に採用することにし、忌部氏を排斥します。

それに対して忌部氏は、陰と陽の相対的な役割が大切であることから、「忌部氏と中臣氏は古代からそれぞれ違う働きをしているのであり、二柱で神事を斎祀《いつき》らないとバランスがとれない」と主張します。

その後、八〇七年には大化の改新以降失われていた忌部氏の祭祀族としての立場を取り戻すため、斎部広成《いんべひろなり》が『古語拾遺《こごしゅうい》』という書物を朝廷へ献上します。忌部氏の正統性を伝えましたが、それも聞き届けられず、結果的に忌部氏は中央政界から追われます。そして元々の拠点であった四国へ戻っていきます。

つまり、この一連の流れのもとになった大化の改新というのは、中臣（藤原）氏による「封印革命」といえる政治的クーデターだったのです。また、忌部氏は、代々麻を栽培して神事や祭祀に活用していた氏族ですから、厳密にいえば**麻の封印の流れも、この頃から始まった**と考えてもいいでしょう。

その大化の改新の場面から、シーンが変わるように見えてきたのが聖徳太子の驚愕《きょうがく》の映像です。

その映像の中で、聖徳太子だということはしっかりと確信できるのですが、その風貌は衝撃的なもので、言うなれば「スターウォーズ」に登場するダースベイダーにそっくりな姿をしていました。フード付きのマント姿で仮面をかぶっており、フードの後頭部には赤い五芒星の星が刺繍《ししゅう》してありました。

法隆寺には、「酔胡王《すいこおう》」というペルシャ人を表した仮面が所蔵されていましたが、まさにこの酔胡王の仮面こそが聖徳太子がかぶっていた仮面と同じものでした。

さらに、マントの背中には北斗七星が刺繍されていて、北斗七星が象嵌《ぞうがん》されている剣を身につけています。それはまるでライトセーバーのようであり、「丙子椒林剣《へいししょうりんけん》」とともに聖徳太子の佩刀《はいとう》とされる、「七星剣《しちせいけん》」と呼ばれているものです。

その北斗七星が描かれた七星剣は、少し前まで、聖徳太子が建てた四天王寺（大阪府大阪市天王寺区）に所蔵されていましたが、今は東京国立博物館にあり、全部で七振りが存在するといわれています。

○聖徳太子の「七星剣」
○法隆寺（奈良県生駒郡斑鳩町）の「七星文銅太刀《しちせいもんどうたち》」
○正倉院（奈良県奈良市）の「呉竹鞘御杖刀《くれたけさやのごじょうとう》」
○天皇の宝剣「日月護身剣《にちげつごしんのけん》」

聖徳太子（右）とダースベイダー※

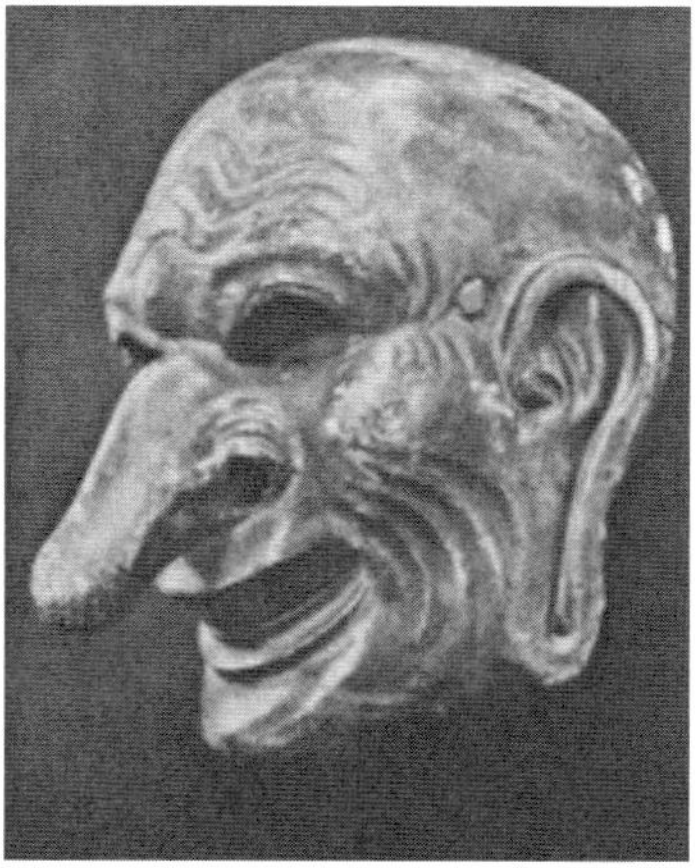

ペルシャからの仮面「酔胡王」（左）と「酔胡従」※

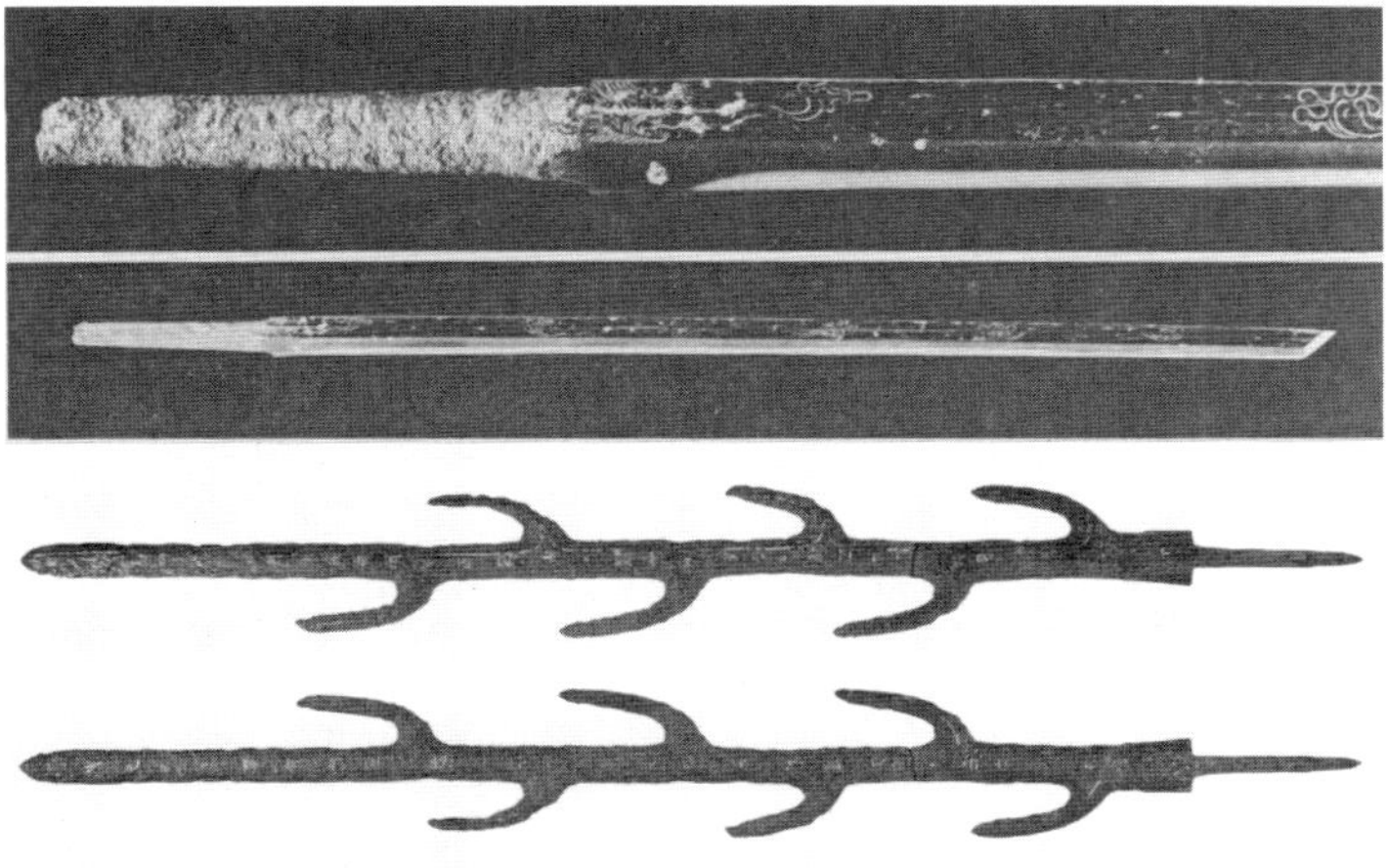

聖徳太子の佩刀「七星剣」（上）と石上神宮の禁足地から出土した「七支刀」※

○長野県南佐久《さく》郡小海《こうみ》町文化財の「三寅剣《さんいんけん》」
○一宮神社（高知県四万十市立郷土資料館寄託）の鉄剣「七星剣」
○千葉県成田市の稲荷山遺跡から出土した「七星剣」

これらの七星剣は、道教思想に基づく北斗七星が意匠された刀剣で「星龍剣」と総称されたりします。

聖徳太子は修験道に「星信仰」と「宗教統合」を託した

聖徳太子といえば、十七条憲法や冠位十二階の制定などの業績が有名ですが、それらは表面的なことでしかありません。なぜ、それしかで

聖徳太子（左）とその従弟に当たる（？）謎めいた蜂子皇子※

きなかったかというと、蘇我馬子の存在があったからでしょう。

聖徳太子は後世に付けられた名前ですが、当時は厩戸皇子《うまやどのおうじ》といい、この名からも厩戸は馬宿の意味を持ち、馬小屋で生まれたという伝承からも蘇我馬子に管理されていたことがうかがえます。しかし、実際に**聖徳太子が行おうとしていたのは、星信仰の復活と宗教の統合**でした。

聖徳太子の父親は第三十一代用明天皇ですが、次代である第三十二代の崇峻《すしゅん》天皇の子に蜂子皇子《はちこのおうじ》がいます。この蜂子皇子は修験の聖地である出羽三山を開いたとされ、怪物のような黒い顔をしていたといわれます。

用明天皇と崇峻天皇は異母兄弟であり、蜂子皇子の父である崇峻天皇は暗殺されましたが、その首謀者は間違いなく蘇我馬子です。その馬子と聖徳太子は第三十三代推古天皇に共に仕え、聖徳太子は摂政という位を賜っています。

蘇我馬子は第三十代から第三十三代まで四代の天皇に仕えた飛鳥時代の政治家として有名ですが、朝廷内でもそれだけ力があったということです。その馬子のさまざまな企てにより、聖徳太子は星信仰の復活や宗教の統合ができなかったと推察されます。ただし、それは後に修験《しゅげん》道《どう》の中に組み込まれることになります。

崇峻天皇が蘇我馬子の策略により暗殺されたあと、聖徳太子は従弟《いとこ》に当たる蜂子皇子を案じて逃がしています。霊験あらたかである白山菊理姫《はくさんくくりひめ》のご神徳によって守ってもらおうと丹後国由良から能登に逃がしたのです。

しかし、能登でも危険だと感じた蜂子皇子は、そこから海経由で今の山形県に入ります。山形県鶴岡市由良にある八乙女浦《やおとめうら》の海岸に上陸しますが、八人の乙女が笛の音に合わせて神楽を舞っていたことから、この地に辿り着くことになります。

その日本海側の上陸したところにも白山神社がありました。まさに菊理姫のご加護となったわけです。

伝承では、その白山神社から少し内陸部に入ったところで三本足のカラスが現れたとされています。これは熊野で神武天皇の前に八咫烏《やたがらす》が現れて道案内をした話によく似ています。と

役行者像（五流尊瀧院）

もかく、その黒い羽のカラスが聖なる山へ導いてくれて、蜂子皇子はそこへお隠れになったことから、その山を羽《は》黒山《ぐろさん》といいます。

蜂子皇子は、羽黒山の後に、月山、湯殿山という「出羽三山」を開いたとされています。蜂子皇子は六四一年に亡くなったと記録にありますが、出羽三山が修験道の聖地となっていることからも、おそらく、死ぬ間際に八歳か九歳の頃の役行者《えんのぎょうじゃ》と会っているのではないでしょうか。

聖徳太子は六二二年に亡くなったとされていますが、死因は毒殺であるとか病死であるとかいわれ、はっきりしたことは未だにわかっていません。これはあくまでも臨死体験中に見たストーリーをベースにした推測ですが、**聖徳太子が蜂子皇子にすり替わり、幼少の頃から秘術や占術に長けていた役行者に会い、星信仰と三宝である古神道・仏教・道教を修験道の中に隠し**

たのではないかと思います。

この時代のあらゆる謎を客観的に紐解いていくと、そのような密教的な継承が行われた可能性が見えてくるのです。

聖徳太子はペルシャ人だった？

ここで、星信仰とは何なのか、という話をしましょう。それを知るには、再度、第1章で触れたゾロアスター教に目を向ける必要があります。

ゾロアスター教は、ペルシャ発祥の世界最古の宗教です。基本的には火を崇拝する拝火教であり、火を使って浄化を行う儀式や風習が、日本の修験道や密教における護摩焚きや、お盆の迎え火などの火の祭り（祀り）につながっていきます。

このようにゾロアスター教は拝火教としての性格の強い宗教ですが、その中で水の女神がお一人だけ存在しています。その水の女神を「アナヒター」といいますが、それが日本の中で信仰されてきた弁財天やセオリツヒメ（瀬織津姫）とリンクしてきます。

その「アナヒター」という名前は聖徳太子の母である「穴穂部間人《あなほべのはしひと》」と同じ言霊となってい

拝火教のゾロアスター教に秘められた水の神アナヒター（上の画像の両方とも）は豊穣の女神である。そしてこのアナヒターはセオリツヒメと同一神か？※

ます。このことからも、聖徳太子の母はペルシャ人であったと考えられます。

そうなると、その血を引く聖徳太子自身もペルシャの血を持つペルシャ人であることになります。聖徳太子は一説には、身の丈が二メートルを超えていたとか、鼻が高かったとかいわれています。つまり日本人ではなかった可能性が高いわけです。

さらに、聖徳太子がペルシャから来ているならば、ペルシャの星信仰を受け継いでいる可能性があり、ゾロアスター教に通じているのです。ペルシャは本来、その昔から星信仰が根付いていた地でもあるからです。

ペルシャは広大な平原の地域ですが、その広大なる平原で「牛を一頭、二頭、三頭……」と数えたことが、深遠なる宇宙に「星が一つ、二つ、三つ……」と数えていく数え方ともリンクしていき、暦を体現していくカウントと重なります。その行為から、ペルシャではマギという占星術師が登場し、マギ占星術として、インド占星学にも多大な影響を及ぼします。

さらに、第1章でもお話しした通り、満天の星の光や太陽の光が反射して、牛の膚《はだ》が光り輝いて黄金色に見えたことから、「黄金の牛伝説」なるものが生まれます。それがユーラシア大陸を横断していった結果、ネパールやインド地方などでは牛が神様になっていきます。さらに東の果ての出雲の地に到達して牛頭天王といわれるようになるのです。

インドやネパールでは、牛のことを「ナンディ」といって、シヴァ神の乗り物ですが、そのナンディに乗るシヴァ神は虎の腰巻き姿です。ここに「牛」「虎」というキーワードが出てきます。言霊的には「牛虎」は「艮《うしとら》」であり、「艮の金神」に通じます。艮の金神は国常立尊《くにのとこたちのみこと》とも呼ばれています。

牛（ナンディ）に乗ったシヴァ神

修験道の蔵王《ざおう》権現も、その姿はシヴァ神と同じく体が青色で表され、虎の腰巻き姿で第3の目が開いています。両方とも山の神であり、まさにシヴァ神そのものの姿です。またシヴァ

金峯山寺の蔵王権現

神は舞踏《ぶとう》している姿でも描かれますが、これも片足を上げて大地を踏みしめている憤怒《ふんぬ》の蔵王権現の姿に似ています。

つまり、**シヴァ神、素戔嗚尊《すさのおのみこと》＝牛頭天王、国常立尊＝艮の金神、蔵王権現は、すべて同じライン上にある存在**なのでしょう。これらの神格はみな破壊と創造の象徴です。

そして、国常立尊をお祀りする御嶽山《おんたけさん》の噴火を、この世の建て替え・立て直しの一つの狼煙《のろし》だと考えると、それはまさに神一厘の艮の金神の働きとしての破壊と創造であり、三・一一もこれに連動する出来事であったのではないかと考えられます。

妙見信仰のルーツである日本に息づくゾロアスターの星信仰

ゾロアスター教の絶対神は「アフラ・マズダー」ですが、相対的な二元性を統合していくという宗教観の中で、「ミトラ」という神格も重要視されます。ミトラは太陽神であり、拝火教のゾロアスターの考えとして、燃える星である太陽もまた重要な信仰となっていったのです。

太陽神ミトラは黄金の牛にまたがる天神※

このミトラ信仰は、「ミトラ神」または「ミトラス神」や「ミスラ神」とも呼ばれ、ミトラ教という宗教に発展していきます。ミトラ神は牛の上に乗っている姿形で表され、これが「黄金の牛伝説」にも関係していくのです。

ここで興味深いのは、日本国内の自動車メーカーの「マツダ」の英語表記が「ＭＡＺＤＡ」となっていることです。「マツダ」のスペルが「ＴＳＵ」ではなく「Ｚ」と

アフラ・マズダー（下の写真の左）は阿修羅（左上）で、ミトラ神（下の右）は弥勒菩薩（右上）である！※

郵便はがき

料金受取人払郵便

新宿局承認

2524

差出有効期間
2025年3月
31日まで
(切手不要)

160-8791

141

東京都新宿区新宿1－10－1
(株)文芸社
愛読者カード係 行

ふりがな お名前		明治　大正 昭和　平成　年生　歳
ふりがな ご住所	□□□-□□□□	性別 男・女
お電話 番　号	(書籍ご注文の際に必要です)	ご職業
E-mail		

ご購読雑誌(複数可)	ご購読新聞 新聞

最近読んでおもしろかった本や今後、とりあげてほしいテーマをお教えください。

ご自分の研究成果や経験、お考え等を出版してみたいというお気持ちはありますか。

ある　　ない　　内容・テーマ(　　　　　　　　　　)

現在完成した作品をお持ちですか。

ある　　ない　　ジャンル・原稿量(　　　　　　　　　　)

書　名			
お買上 書　店	都道　　　　　　市区 府県　　　　　　郡	書店名	書店
		ご購入日	年　　月　　日

本書をどこでお知りになりましたか?

1.書店店頭　2.知人にすすめられて　3.インターネット(サイト名　　　　　)

4.DMハガキ　5.広告、記事を見て(新聞、雑誌名　　　　　)

上の質問に関連して、ご購入の決め手となったのは?

1.タイトル　2.著者　3.内容　4.カバーデザイン　5.帯

その他ご自由にお書きください。

(　　　　　　　　　　)

本書についてのご意見、ご感想をお聞かせください。

①内容について

②カバー、タイトル、帯について

弊社Webサイトからもご意見、ご感想をお寄せいただけます。

ご協力ありがとうございました。

※お寄せいただいたご意見、ご感想は新聞広告等で匿名にて使わせていただくことがあります。

※お客様の個人情報は、小社からの連絡のみに使用します。社外に提供することは一切ありません。

なっているのは、アフラ・マズダーから採っており、「マッダ」ではなく、あえて「マズダ」と表記したと考えられます。

ＭＡＺＤＡの創始者がそのようにしたのだと思いますが、ゾロアスター教は拝火教であり、火に油を注ぐ意味合いからもわかるように「油」にも関係するのです。そもそも、日本語の「あぶら」という言葉の語源は「アフラ」から来ていると考えられ、興味深いつながりを持ちます。

そこで、クリーンディーゼルをアピールしているマツダは、「ガソリンの代わりに植物油が使える」という意味も含め、アフラ・マズダーにあやかったスペルを採用したのではないでしょうか。

このアフラ・マズダーやミトラというペルシャやローマにも関係が深い神は、仏教にも取り込まれ、仏教の伝来とともに日本にも入ってきています。

そもそも、仏教という宗教がそれ単体で入ってきているというのは考えにくいでしょう。ネパールのルンビニで生まれたお釈迦様は、インドを巡礼して、パキスタンにも行っています。さらに、アフガニスタンの北側のガンダーラという地域にも、その教えは伝わっていきます。

そのガンダーラの仏像を見ると、ギリシャやローマの彫刻のテイストが入っていて、この地が西洋と深くリンクしていたことがうかがえます。当然、ペルシャ地域ともリンクしていて、仏教はその辺り一帯の信仰とも習合していたはずです。

さらに、そこから仏教が東へ向かう過程で、ミャンマー、ラオス、タイ、カンボジア、ベトナムの信仰とも習合していき、日本へ入ってくる過程では、中国、朝鮮の信仰とも確実に習合していったでしょう。そのような流れから、**日本に入ってきた仏教というのはそれ単体ではなく、西洋からアジア全域にかけての、あらゆる信仰や思想がミックスされたものであるといえます。**

このような観点からも、日本の仏教に隠されたゾロアスター教の宗教観を探っていくと、第1章でも述べたように、アフラ・マズダーとは阿修羅のことであり、ミトラはインド仏教においてマイトレーヤとなり、それが弥勒菩薩として日本の仏教に取り入れられたことがわかります。

これら一連の流れやつながりを見ていくと、ゾロアスター教の信仰は仏教を通して日本に定着していったことが理解できます。先ほども触れた修験道の護摩焚きやお盆の迎え火、寺社仏閣におけるかがり火を使ったお祭りなどは、その拝火信仰の伝来による風習であり、夜祭りなどにも関係しています。そのことから、夜空に輝く星の信仰とも連動しています。

星信仰は世界中にその痕跡が残り、海洋系シュメール文明が持つ天体ナビゲーションシステムにより、縄文や先住民の星の記憶をベースに、ペルシャからもたらされた星信仰が日本に伝わってきます。日本に到達する過程で、中国を経由したときに、古代中国の地にもともとあった「北辰妙見信仰」という星信仰とミックスされます。日本中に北極星や北斗七星を信仰対象とする妙見信仰が存在するのはそのためです。

妙見信仰の伝説にも七夕伝説がありますが、こと座のベガが織姫で、そのパートナーが働き者の「牽牛《けんぎゅう》」であり、わし座のアルタイルです。ここにも星と牛の関係が登場してきます。

下総国《しもうさのくに》（千葉県北部）の大名・千葉氏も妙見信仰を支えた存在であり、千葉氏から生まれた剣術の「北辰一刀流」というのはまさに星信仰がルーツです。「北辰」とは北極星のことですから、黄道十二宮の中心に位置付けられる北極星を信仰の対象とする考えは、悠久の歴史の中でその重要性を物語っています。

妙見信仰の中の妙見菩薩は、北極星と北斗七星の象徴であり、日本の神道においては、北極星は天御中主《あめのみなかぬし》で、北斗七星は国常立尊に対応しています。北斗七星は中心星の北極星の象徴である天皇や天帝の側近、あるいは乗り物だと考えられていました。そこで、妙見信仰では北極星を「太一」と呼び、北斗七星を「太子」と呼んでいます。そこからも聖徳太子とのつながりが見えてきます。

すなわち、聖徳太子という呼称は**「聖なる北斗七星の知恵を知っている者」**という意味を持っているわけです。その意味を知れば、聖徳太子の背中に北斗七星が描かれていることや、

玄武に乗る北辰妙見菩薩の女性的な姿※

佩刀である七星剣に北斗七星が刻まれていることが符合してきます。

ちなみに、ゲンを担ぐ戦国時代の武将は「北斗七星に向かっていくと必ず負ける」と信じ、陣羽織に北斗七星を刺繍したり、陣をとるときには北斗七星が上がる方向を背中に背負って陣をかまえていました。これもまた風水を大切にする妙見信仰に基づくものです。

その妙見信仰とは別に、日本には縄文からの独自の星信仰もありましたが、それは三一〇年に応神天皇が最後の星祭りをしてから途絶えてしまいました。このことも聖徳太子は知っていたので、星信仰を復活させようとしたのでしょう。

「飛鳥」の呼称は「ゾロアスター」に由来する

第5章で詳しく触れますが、臨死体験をきっかけとしてコンタクトした「ＭＡＮＡＫＡ」という知的生命存在が通信教育してくれて、その知的生命であるＭＡＮＡＫＡからのメッセージでは、「星とは精神である」と伝えられています。その宇宙的な定義からいえば、星信仰が希薄になるということは、精神性が損なわれるということであり、生活から精神性が切り離されてしまうことに他なりません。

つまり、聖徳太子が星信仰を復活させようとしたのは、まさしく精神性の復活のためであり、それにより宗教の統合を目指したということがいえるでしょう。

ゾロアスター教はユダヤ教やキリスト教、さらにはイスラム教にも影響を与えていて、ヒンドゥー教などの多神教とも深くつながっています。ゾロアスター教は仏教や道教に組み込まれながら、ほとんどあらゆる宗教と習合した形として、日本に伝来してきたことになります。そして、日本の古くからの神道に溶け込んでいくことで、宗教の統合がなされていく宇宙信仰を、聖徳太子は目指していました。

聖徳太子の生きた時代を飛鳥時代といいますが、それは「ゾロアスター」の「アスター」から来ています。「アスター」とは、ギリシャ語で星のことであり、英語の「星（star）」の語源でもありますが、それが転訛《てんか》して「アスカー」、つまり「飛鳥」となったという流れがあります。そうなると、「飛鳥」とは「天体の叡智《えいち》」という意味になります。

ちなみに、聖徳太子と秦河勝《はたのかわかつ》は同一人物ではないかという説や蘇我馬子と同一人物説もありますが、臨死体験で見たストーリーでは完全に別の人物です。

秦河勝は聖徳太子の下で働いていましたが、聖徳太子の亡きあとに起こった大化の改新のときに、意図的に神社が見直されていきます。その中で、秦河勝を中心とした秦氏の集団は、聖徳太子から託された密命により、大切なものを守るために神社の中に**太古からの神髄を赤い印として、つまり稲荷神社として隠した**のです。

稲荷神を本殿にお祀りしている稲荷神社以外にも、ほとんどの神社の境内に稲荷社がありますが、本殿のある中心ポイントではなく、境内の隅や隣地などにある場合が数多く見られます。これは、ある意味カモフラージュで、実は**最も大切なものを目立たない場所に置いて継承しているという**といっても過言ではありません。

たとえば、大阪の交野《かたの》にある星田《ほしだ》妙見の御神体は、本殿裏の山の頂上にある奥の院ですが、稲荷神社が守っています。この稲荷という神格は、伊勢外宮の御祭神であるトヨウケのことであり、宇賀の御霊《みたま》ともリンクする霊験あらたかな御神徳を受け持っています。稲荷は食と関係が深く、太古から麻と縁がある阿波国ではオオゲツヒメと呼ばれ、食物の神であり、稲妻はカミナリ（神成）のことを表しています。

日本列島中央構造線と隠された北斗七星

この星信仰について、現代の社会から考えてみるとどうなるでしょう。

たとえば、昼間上司に怒られた、友達とケンカした、あるいは家族と反目した……こういうことは誰でも日常的に経験することでしょう。そんな嫌なことが昼間にあったあと、だんだん夜になってきて、そこで満天の星が見えたらどうでしょうか。

満天の星の下、こんな美しい世界に自分たちは生かされているのかと感動して言葉を失ったとき、人間世界の物事など小さなことのように感じられ、「ああ、そうか……自分も悪かったな」と謙虚な気持ちや反省の心が芽生え、意識が変わり、寛容になれるはずです。

そのように、**本来は星が浄化してくれているのに、建ち並ぶビルが空を狭くして、繁華街では朝までネオンぎらぎらで星など見えません。**このような状況では、精神性が希薄になって当然です。

さらに、高いビルを建てるということは、地面の深いところまでボーリングして地質的にも悪影響を与えているということです。それにより大地のバランスが崩れ、日本でいうと最終的には中央構造線のバランスまで崩れてきます。

聖徳太子の遺した予言といわれる『未然紀《みぜんき》』は書物としては残っていませんが、『先代旧事《くじ》本紀《ほんぎ》大成経』という古史古伝には、神武天皇以前の天皇から推古天皇までの系譜を説いた内容が書物として残っています。縄文神アラハバキに言及した『東日流外三郡誌』という古史古伝と併せ読むと、聖徳太子が伝えたかった予言の一端が見えてきます。

その真意は、「申《さる》の刻《とき》から始まる」大変革のことで、それはつまり、二〇一六年から始まる大地の動きのことです。具体的には、中央構造線の動きのことであり、二〇一六年四月の熊本

能勢妙見（大阪府豊能郡能勢町）本堂

相馬妙見（相馬中村神社／福島県相馬市中村）

八代妙見（八代神社／熊本県八代市妙見町）

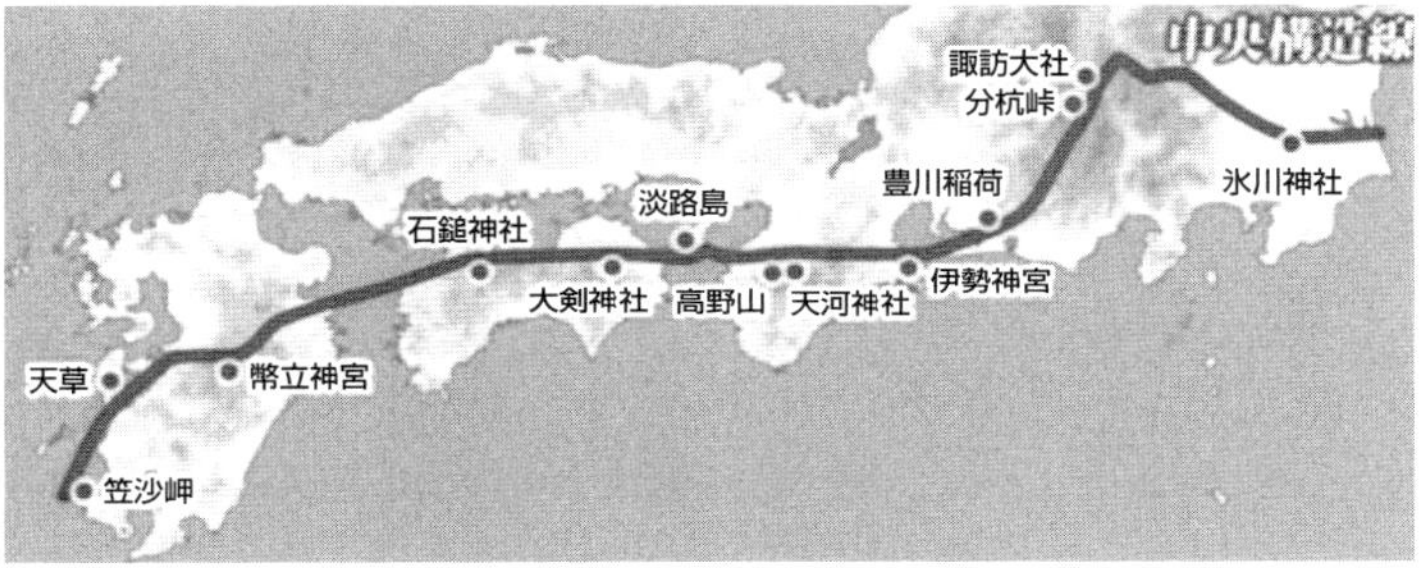

中央構造線に隠された北斗七星※

地震はまさに中央構造線の元が揺れて動いた現象だったと考えられます。

熊本は蘇りの場所であり、火の国です。日の本・日本のチャクラの元である阿蘇のクンダリーニに火がついたことで、拝火教のゾロアスターの星の智慧が蘇るときの狼煙なのかもしれません。

日本各地にある妙見神社や妙見宮の中で、日本三大妙見といわれている妙見のある場所は何を物語っているのでしょう。

○大阪の能勢《のせ》妙見
○福島の相馬《そうま》妙見（相馬中村神社）
○熊本の八代《やつしろ》妙見（八代神社）

これらは、近代日本で起きた三大地震（阪神・淡路大震災、東日本大震災、熊本地震）の震源地の近くに位置しますが、それは偶然ではないように思えます。

天河大弁財天社（奈良県吉野郡天川村）

石鎚山（愛媛県西条市・久万高原町）頂上の天狗嶽

さらに、中央構造線沿いには、幣立神宮、石鎚山《いしづちさん》、剣山、天《てん》河《かわ》、伊勢といった重要な聖地があります。伊勢神宮から右上がりとなって、豊川稲荷、分杭《ぶんぐい》峠、諏訪大社とつながり、さらに埼玉の氷川神社へとラインが流れています。最終的にそのラインは鹿島神宮へ向かっています。

しかし、この氷川神社から鹿島神宮へのラインを本来のレイライン（大地のエネルギーの通り道）と考えるなら、氷川神社から伊豆大島へ南下する流れが理にかなっています。このレイラインであれば、中央構造線からのレイラインに隠された北斗七星の形が存在します。妙見信仰では、北斗七星は国常立尊ですから、丑寅の方向に流れる日本列島そのものであるといえるでしょう。

北斗七星はひしゃくの形をしていますが、この中央構造線レイラインが描く、ひしゃくの中に、富士山がぴたりと収まる位置関係になっていることも注目すべきポイントです。

数ある聖徳太子伝説の中には、太子が天馬という黒い馬に

鹿島神宮の要石

天海像（木村了琢・画）

乗って天を駆け、富士山までやってきたという逸話や絵がたくさん残っています。北斗七星の化身ともいえる聖徳太子は、中央構造線が富士山を守っていたことを知っていたのでしょう。

ところが、実際の中央構造線の先のレイラインは伊豆大島ではなく鹿島神宮へ延びている。これはなぜかというと、徳川家康が利根川の流れを変えたからです。

利根川は東京湾に流れ込んでいましたが、江戸城を築城するときにその利根川の流れを変えてしまったのです。そのとき、風水にも精通していた天海僧正《てんかいそうじょう》が、江戸城の建設に関わりました。

鹿島神宮は、日本神話で大国主の国譲りの際に活躍するタケミカヅチを祭神としていますが、香取神宮とともに境内に「要石《かなめいし》」といわれる霊石があります。要石は大ナマズを押さえつけ、地震からの守り神として信仰されていました。地震を制御できる鹿島神宮へ向かうのなら、中央構造線のレイラインをそちらへ変えても大丈夫だと考えたのでしょうが、これでは、北斗七星の形になりません。

ちなみに、この風水の知識に通じていた天海僧正の正体は一部でいわれているように、明智光秀だったと考えられます。星信仰の復活の時代において、中央構造線レイラインも元に戻すことが要となるでしょう。

卑弥呼のテクノロジーから飛鳥の天体叡智へ

飛鳥時代よりもっと前の時代である古墳時代の中心的人物に卑弥呼がいます。この卑弥呼とは個人ではなく役職ではなかったかと思っています。**「卑弥呼＝日の巫女《みこ》」ですから、個人名ではなく役職名**と考えるのが自然です。近畿にも九州にも四国にも、それぞれの地に「卑弥呼」が存在していたと考えられます。

その卑弥呼の側近は台与《トヨ》と呼ばれていましたが、このトヨが伊勢外宮の御祭神のトヨウケにもつながってきます。

星信仰は古墳時代には盛んであり、その時代に造られたキトラ古墳の天文図には、北斗七星ではなく北斗《ほくと》八星《はちせい》が描かれています。実は北斗七星の星は、もう一つの星を加えて、八星になるのです。

これは聖徳太子も知っており、「添え星」として、各地の仏教寺院に残る星曼荼羅にもその北斗八星が描かれています。

伊勢外宮（豊受大神宮／三重県伊勢市）

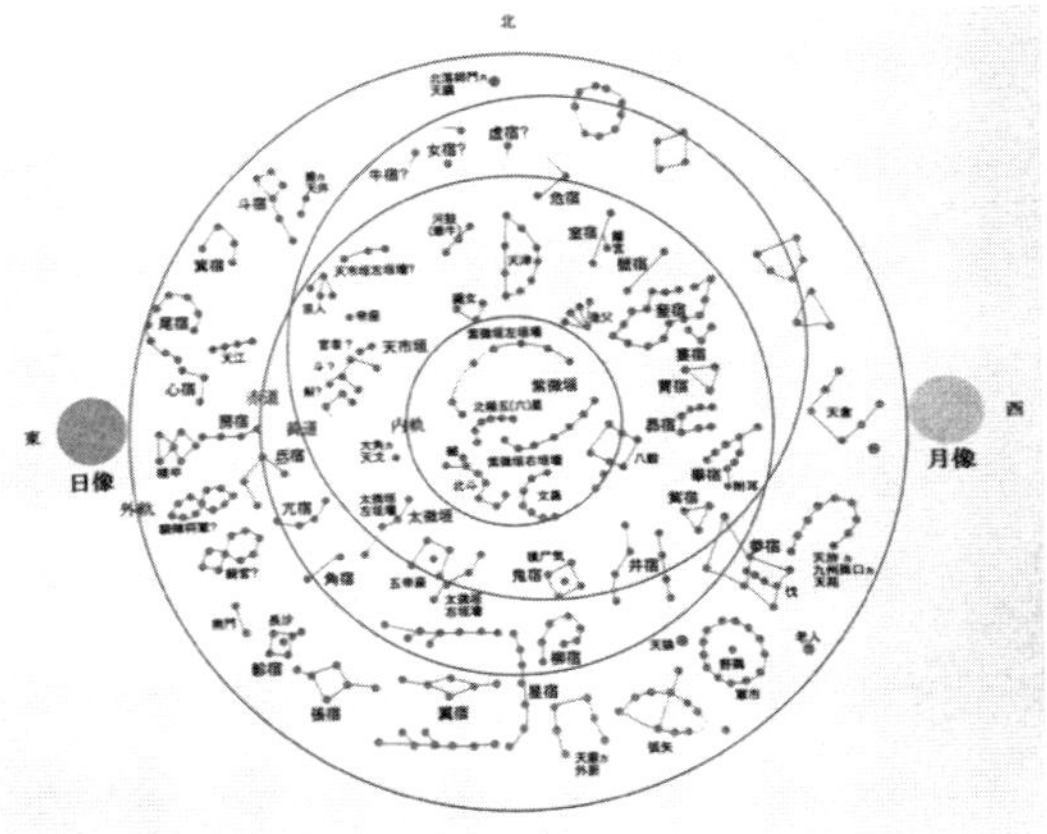

キトラ古墳の天文図※

このことが「七転び八起き」に通じ、「腹八分目」ということにも通じてきます。古代神道では、「事上げ（言挙げ）せぬこと」といわれてきました。人間ができるのは「八」までで、その後、末広がりとなり、あとは人智を超えた存在が「こと」、つまり「九十」を担当しているという考え方です。

まさに言葉を超えた世界ですが、古墳時代にはこの考え方が定着しており、天地が共鳴していたこの時代の女神である卑弥呼という存在はものすごいボイス（声）の持ち主だったのでしょう。卑弥呼は大地が震えるほどのバイブレーションを発する声の持ち主でした。

その声を銅鐸で共鳴させて銅鏡で反射させることで、結果的に重力を軽くして、高いところへ石を移動させるなど、さまざまなことを行っていました。

太古から残る巨石文化の痕跡を見ていくと、古墳時代以前は、現在では考えられないようなテクノロジーを使っていたと思います。そのテクノロジーを使って、奈良県の明日香村にあるような石舞台や古墳を造っていたでしょうし、さらに超古代の日本は星の叡智宿る宇宙文明だったのでしょう。

その古墳時代から飛鳥時代に移り、その文明の様相もだんだんと変化していきますが、縄文時代は別格として、この二つの時代ほど、歴史から隠された時代はありません。しかし、現代のように、分離や分断を促すような情報や価値観ではなく、相対なる世界を一体でくくり、さ

仏教の中に組み込まれて流れ着いた星曼荼羅は日本各地のお寺に所蔵されており、北斗八星と黄道十二宮などが描かれている。なお、日本にはサソリがいないことから、さそり座のサソリがエビのように描かれている（左上の○で囲んだ箇所等）ところが大陸から渡ってきたことを示しており、興味深い。※

まざまな違いを認めた境地にこそ、今までの世界を超えた進化のプログラムが内在しています。

どんな時代でも人と生命と地球と宇宙の共通性があり、時代の変化とともに真に不変なものに意識を合わせることが、地球を一つにする宇宙意識に通じていくのではないでしょうか。

真に不変なものとは、それすなわち、人類の想像を超えている「空」のことなのでしょう。

第4章

セオリツヒメ——縄文意識復活の鍵

（澤野大樹）

アラハバキの本質は「爆発」にある

私はこれから「これまで伏在してきたものが表に出る」とよく言っています。その「伏在してきたもの」とは、一つは「縄文」であり、「まつろわぬ民」。もっと具体的にいえば、日本の歴史の暗部――隠されてきた本当の歴史――のことです。

さらに、今の文明社会が無視してきた「霊性」の部分も大きく表に出てきて、人が本来の姿に戻ることになるでしょう。それは、霊性を無視して科学技術ばかりに偏重して進化してきた文明社会がここへきて、限界に達しようとしているからです。

縄文というのは日本だけの話ではなく、これからの時代、アメリカでもある種の「縄文回帰」が起きてきます。その一つの兆しがアメリカで加速している大麻解禁の動き。大麻は縄文時代の至宝であり、それがアメリカで大々的に解禁される動きがあるのです。

すでに、医療目的の大麻使用は北西部ワシントン州などの二十三州と首都ワシントンＤＣで合法化（二〇一四年七月時点）され、議論の転換点になるといわれる全五十州の約半数に至っています。さらに、ワシントンＤＣと四つの州では医療目的以外での「所持」も合法化され、一部では嗜好《しこう》品としての売買も解禁されています。

日本で大麻を所持すると、殺人事件並みの凶悪犯として扱われますが、アメリカではもう、所持程度なら許されるようになってきているということです。

また、各地で起きている爆発事故も「縄文回帰」の表れの一つです。縄文神アラハバキは伏在し、一掃し、爆破させる働きをします。「アラハバキの本質は爆発にある」と言ってもいいでしょう。

日本では縄文ヒタカミ（日高見）の土地（福島県）で原発が大爆発し、アメリカではオクラホマシティ連邦政府ビルが大爆発した他、テキサス州ウェイコでは肥料工場が大爆発し、カナダのケベックでは原油を積んだ貨物が大爆発した。中国の天津でも謎の巨大爆発事故がありましたね。これらに共通するのは、みな、縄文ヒタカミと同族のインディアン（ネイティブアメリカン）たちの故地であるということです。

彼らはもともと住んでいた地を、新政府（日本では大和朝廷、アメリカでは合衆国政府）により追いやられた人たちです。そして、三・一一とまったく同じことが、雛形フラクタル対応で世界各地に投影された。

日本は世界の雛形なので、日本で起きることはアメリカでも世界でも起きる。そして、世界で起きたことは日本で起きてきます。

これは、日本で起きていたアラハバキの猛威が世界規模で拡大し始めたということであり、世界中に伏在してきた物事が、これから表に溢れてくる準備を整えるために、三次元表層世界に築かれた幻想世界を取り払おうという動きです。

アマテラスの荒御魂＝セオリツヒメと核エネルギー

セオリツヒメ（瀬織津姫）、つまりアラハバキのロゴス（言葉・理性）意識は今、誰に、そしてどこに感応しようか選んでいる最中です。どこの誰に、どこの人たちに感応するのが一番いいかを、セオリツヒメという「プログラム」が探しているということです。

では、セオリツヒメは誰に降りるのか。その答えは実にシンプルです。**「セブっているヤツ」に降りて、感応します。**役行者、天狗、サンカの生き様である「セブリ」を、この現代において誰にもまつろわずに実践している人や場所に降りるのです。

縄文のサンカと呼ばれる人たちは、大和朝廷への服従を拒絶し、山の中で蓑作りや竹細工などをしながら、薬草やキノコについての知識を持ち、川原などで独自のテント生活をしていました。このサンカの生活形態を「セブリ生活」といいます。

瀬織津姫の「瀬織」（セオリ）とは「瀬降り」と置き換えれば、「セブリ」に通じていることがわかります。

セオリツヒメは「セオリー（理論）の姫」であり、物事の筋道を最も重視する多次元プログラム、究極の「縄文プログラム」です。ですから、物事の筋道や理論など基礎の部分がきっちりしているところに降ります。

セオリツヒメ、アラハバキとは「太陽（アマテラス）」の荒御霊《あらみたま》、つまり裏面（別局面）のことであり、言うなれば爆発する「核エネルギー」ということになります。

そこで、セオリツヒメの感応を受けた人類が縄文意識化を果たせたなら、人類史上初となる「核エネルギーの自由自在化」がもたらされることになるでしょう。それは、汚染も事故もない、究極の安全システムであり、私たちがまだ見たことも聞いたこともない「核」の使用法ですから、原発に賛成とか反対とかそういうレベルの話ではありません。

ここは重要なところですが、私たちは「核エネルギー」の本質、つまり多次元的な真実の意味をまだ何一つとして知らないのに、それを賛成とか反対とか言って真剣に議論しているのです。

意味もわからないものについて、いくら議論しても、何の結論も出ないのは当然ですよね。形而下《けいじか》の世界だけの常識や知識だけで、物事の判断を下してはいけません。その前に私たちは、頭の中に蓄積してきた三次元意識、常識、知識というものを、まずはアラハバく必要があります。

二元論――賛成とか反対とか――を超越したところに、太陽の荒御霊としての「核」の本質があるのに、その本質を知らず、利便性だけを理由にして核を使おうとしている。しかし、意識が多次元化されてない人類が、太陽の荒御霊を使いこなせるわけがありません。

「核エネルギー」の根源は宇宙創成のビッグバン

では、多次元化した意識で「核」をとらえるとどうなるか。「核」をローマ字で書くと「KAKU」となり、並べ替えると「UKKA」となります。

「K」が二つ重複するので約分して一つにすると「UKA」すなわち「宇賀」となる。結論を急いでしまいますが、つまり、**「核エネルギー」とは「宇賀神＝アラハバキ＝セオリツヒメ」だった**ということです。

これまでの人類は、縄文、ヒタカミ、そしてアメリカン・インディアンなど、あらゆる「原住民」を弾圧して滅ぼし、そんな社会の中で「核」を使ってきたわけです。しかし、その「核」は日の丸と同じように縄文から奪ったものですから、核エネルギーを使えるのは、縄文ヒタカミの魂を持った人たちだけです。

原発を制御できないのも実はそのためで、制御できないようになっているのです。その意味で、「核」はセオリツヒメそのものであり、アラハバキ、宇賀神、黄金のＵＮＴＩそのものだといえます。

それを大和朝廷に始まる現在の支配者が正しく動かせるわけがない。「賊軍の土地に設置すればうまく動かせるのでは」などと考えて試行錯誤しているようですが、どうしても事故が起きてしまいます。

その事故はアラハバキが起こしている。核自身が「オレを甘く見るなよ」と邪《よこし》まな核の担い手を払いのけようとしているのです。

そもそも、「核」には猛烈な「爆発」がキーワードとして付いてきます。もっと根本を言うと、宇宙誕生の「ビッグバン」にも関わってくるわけで、そこから**宇賀神は「宇宙根源神」**と考えられます。

さて、「核」は英語では「ＮＵＣＬＥＵＳ」といいますが、これをアナグラムの手法で並べ替えてみると、「ＵＮＣＥ－ＳＵＬ＝うんちする」になる。つまり、「ＮＵＣＬＥＵＳ」という単語に「黄金のＵＮＴＩ」を思わせる言葉が含まれているということです。

また「ＮＵＣＬＥＵＳ」を並べ替えると「ＳＣＥＵＬＵＮ」（セオルン）にもなる。つまり「瀬織津姫」が隠されているのがわかります。

これは宇宙創生の「ビッグバン」、つまり「無限なるハラ（原）への爆発的な拡大」を意味します。また、これは決してジョークではないのですが、「ＵＮＴＩ」はどこから出るかという話です。

そう、肛門から爆発的に放出されるわけで、つまり、宇宙は「無」から生じたわけではないと理解できます。この場合、肛門とは別次元とつながるワームホールのような穴を意味していますす。そこからこの宇宙が爆発的に放たれたということになります。

「核エネルギー」を使いこなすには高度な霊性が必要

アラハバキとは「腹暴き」とも解釈できます。「腹」とは「奥に秘めた秘密」のことであり「中心核」のこと。そこで、「腹暴き」とは、これまで隠されてきた「秘密が暴かれる」という意味になります。

その「腹」は「ハラ（原）」に通じ、「ムラ」以外の世界に出ることを禁じられている人にとって「ハラ」は「本当の世界」を意味します。すなわち、「ムラ」という狭い世界から出て「ハラ」という巨大な外の世界の存在を知ること。

これは、三次元世界から多次元世界への目覚めであり、マトリックス空間と表現される、多次元の存在を無視し、三次元物質世界の中だけで完結する生き方からの脱却を意味します。つまり、本当の「独立」を体験するということです。

また、「アラハバキ＝原暴き」とは「原爆」の言霊の深層となります。「核エネルギー」とは、まさに縄文神アラハバキのこと。しかし、世界はいまだ縄文回帰の途上にあるので、人類はこの「核エネルギー」を自由自在に使いこなせない。それは神から許されていないからです。

「核エネルギー」は、かつて縄文の技術でした。これは、歴史の授業には出てこないことですが、現文明の一つ前の文明で用いられた技術でした。その技術を持った高度な霊性を保持していた人たちが、縄文として生き残ってきたのです。

そのため、「核エネルギー」というものは、ただ単に技術を高めただけではうまく起動しないのです。霊性がないと制御すらできません。

縄文時代は未開の野蛮人の生きた時代ではありません。現代の私たちが考えも付かない超高度科学技術を、ごく普通の家庭で普通に使っていたと思います。また、高度に縄文化された未来の世界では、各家庭に小さな原子炉があり、きわめて完全に機能しているかもしれません。しかも、その家庭用原子炉は、どこにでもあって誰でも無料で採取できる「まさか」と思うような材料を用いるものかもしれません。

この技術を、どこの誰よりも使いこなしたいと思っているのはアメリカですが、どうやら彼らは、この「核エネルギー」が縄文由来の技術であり、霊性に比例して起動することに気付き始めているようです。

具体的には、**「核エネルギーの起動」に宇賀神＝セオリツヒメが関与している**ことを知っている可能性があります。そこで、東北の縄文神であるセオリツヒメを目覚めさせ、その力を利用したいと思った。

だからといって、東日本大震災がアメリカによって人為的に起こされたということではありません。実際のところはもっと壮大な話で、**セオリツヒメ覚醒のプロセス、そして、世界縄文回帰というのは世界の趨勢《すうせい》と神仕組みの流れであり、東日本大震災もその流れの中で起きています。**

つまり、縄文神復活の兆しをもたらした東日本大震災は、宇宙根源神の領域のパワーによって明確な意志の下に起こされたのです。そして、ここは重要なところですが、アメリカの思惑と神仕組みの思惑がなぜか一致している。

アメリカといえば世界を牛耳って支配しようとしている存在に思えますが、そのアメリカの思惑が、神仕組み、つまり「世界縄文回帰」の趨勢と一致して展開しています。

これは、アメリカの真意は私たちが想像しているものとはかなり違っていることを意味します。

ニューヨークは「新しいセオリツヒメの都」だ

三・一一の東日本大震災によるセオリツヒメの覚醒の前に、その前兆として起きたのが「九・一一アメリカ同時多発テロ事件」です。このとき、世界貿易センタービルの「ツインタワー」が破壊されましたが、今になってみると、この「二本」の塔は「日本」を表しているとも思えます。

つまり、「三・一一」は縄文神を呼び起こそうとした最初の試みではなく、実は「九・一一」のときに「日本」を呼び起こそうとしていた。そして、その世界縄文回帰のためにニューヨークをアラハバく必要があったのでしょう。

自由の女神像（ニューヨーク）

このニューヨークはもともと五千人ものレナペ・インディアン（注）が住んでいたところです。さらに、「ニューヨーク」の言霊について考えてみると、「ヨーク（York）」とはイングランド王の名に由来するものです。

イギリスにある「ヨーク」という街は、中石器時代の紀元前八〇〇〇年から七〇〇〇年に人が定住していた痕跡があるところです。ニューヨークとは本来は「縄文の街」だったといえるのです。

さらに、この街の名前「ヨーク」の語源を調べると、「イチイの木（yew trees）」だという。つまり、ニューヨークとは「新しいイチイの木」という意味になります。

このイチイの木、日本では飛騨高山の「一位《イチイ》一刀彫」という伝統工芸品に用いられていますが、この飛騨は「ヒダ」であり日高見《ヒタカミ》国とつながります。

（注）レナペ・インディアン

アメリカ・インディアンの一部族で、アメリカ東部ニューイングランドのニューヨーク州、ニュージャージー州、ペンシルベニア州、デラウェア州一帯で、トウモロコシの栽培をし、狩猟採集を行いながら集落を作っていた。

また、イチイの木は別名「アララギ」といい、漢字では「阿良羅木」と表記されます。「古代の聖なる神の宿る木」という意味があるそうです。この「古代の聖なる神」とは縄文神アラハバキのことと考えて間違いないでしょう。

すると、**「ニューヨーク」という地名は「新しいアラハバキ」を意味し、アラハバキ＝セオリツヒメですから、「新しいセオリツヒメ」という意味にもなります。**そして、ニューヨークにあるセオリツヒメを思わせる女神といえば自由の女神像です。

自由の女神の正式名称は「世界を照らす自由（Liberty Enlightening the World）」であり、引きちぎられた鎖と足かせを女神が足で踏みつけているのは、弾圧や抑圧からの解放と、人類は皆自由で平等であることを象徴しています。また、冠《かんむり》の七つの突起は「七つの大陸と七つの海に自由が広がる」という意味です。つまり、自由の女神はアメリカだけでなく、世界に影響を与える女神なのです。

また、「世界を照らす自由」の「照らす」とは「行き渡らせる」ということで、「自由が世界に行き渡る」、さらに、「自由自在になせることが世界中にある」という意味になります。これは、**「創造も破壊も自由自在」ということであり、アラハバキの存在に重なってきます。**

さらに、自由の女神像の原案はウジェーヌ・ドラクロワの絵をかなりの部分採用しており、「女神」といえば古代ギリシャ・ローマの大地母神《じぼしん》、肥沃《ひよく》と豊穣をもたらす女神キュベレーが思い出されます。このキュベレーは、「死と再生の神」とも呼ばれ、やはり、アラハバキに重なってきます。

「民衆を導く自由の女神」（ウジェーヌ・ドラクロワ、1830年、ルーヴル美術館蔵）

女神キュベレー像（デンマークのニイ・カールスベルグ・グリプトテク美術館蔵）

自由の女神＝セオリツヒメが人類を覚醒させる

自由の女神の正式名称「世界を照らす自由（Liberty Enlightening the World)」の英語の意味を精査するとどうなるか。まず、「Liberty」ですが、単に「自由」という意味なら

「Freedom」でもいいわけで、あえて「Liberty」になっているのは「束縛からの自由・解放・釈放」という意味を強調したものといえます。

つまり、どこかの誰かに支配された、まつろわされた、従わされたという状態からの解放。あるいは逆に、どこかの誰かを支配した、まつろわせた、従わせたということからの解放です。ですから、自由の女神像の足元には、引きちぎられた鎖と足枷がある。

次に、「Enlightening」ですが、その本来の意味は「はっきりさせる」であり、その元になった「enlighten」には、「人を啓発する・教化する」「人の疑いを解く」といった意味があります。つまり、「人々を啓発して疑いを解いていく」ということであり、英語に訳された仏教用語で「悟り」を意味する単語にもつながる。

最後の「the World」は、私たちが生活するこの三次元現実世界、つまり「この世」という意味です。

これらをまとめると、「Liberty Enlightening the World」は「自由の女神」という意味ではなく、「この世の人類を啓発し、はっきりと疑いを解いていくための意識解放（覚醒）の女神」という意味になります。

ここでいう「Liberty＝誰からも支配されない、支配しない自由」とは、縄文ヒタカミのメンタリティである「まつろわぬ民」の生きた境地のことです。また、「人々を啓発し、はっきりと疑いを解いていく」とは、物事の根本の道理や筋道を正してシンプルな状態に戻し、人類の本来の姿に気付き、その究極の答えを出すことです。

これは、人生の「セオリー」（理論、意見、持論）を再び確立させるということであり、その意味で自由の女神とはまさに「セオリーの姫」。つまり、セオリツヒメです。それは**「まつろわぬ、ハラの世界に覚醒させるための女神」**なのです。

銭洗弁財天宇賀福神社（神奈川県鎌倉市）

セオリツヒメは水の神、浄化の神ともいわれます。その別の姿である弁財天や市寸島比売命《いちきしまひめのみこと》は、鎌倉・江の島の銭洗弁天、野尻湖の琵琶島《びわじま》（弁天島）、広島の厳島《いつくしま》神社など、ほとんどが「ちょっとした小島」にあります。ニューヨークの自由の女神が、日本の弁財天と同じく「小島」（マンハッタン島）にあるのもそれと同じことです。

ニューヨークは世界の金融の中心地。一方、セオリツヒメは宇賀神であり黄金のＵＮＴＩ、すなわち多次元世界の無限なる金融資産のこと。そして、**日本では銭洗弁**

野尻湖に浮かぶ琵琶島（長野県上水内郡信濃町）

国際調査報道ジャーナリスト連合によるパナマ文書ポータル

「ぱなま」の文字に隠された「６６６」

天でお金を洗い、ニューヨークではマネーロンダリング（資金洗浄）をしています。

そして「パナマ文書」がそこに関わってきます。「パナマ文書」ですが、もうすでに堂々とアラハバキを主張しています。

「パナマ文書」の文字をよく見てください。皆さんには、そこにアラハバキの片鱗が見えますでしょうか。皆さんは「パナマ文書」という言葉の中に「６６６」があるのが見えますか。

「パナマ」をひらがなで書いてみてください。しかも、それを横に倒して書いてみてください。――さあ、見えてきませんか。さあ、もう皆さんはこの「パナマ」は「666」にしか読めませんよね？

つまり、「パナマ文書」とは、多次元的には「666文書」という意味で、この地上に降りてきて投影されて顕現されているわけです。**「パナマ文書」とは「ミロク文書」「666文書」ということです。**

「あいうえお順」で「6番目」は「か」です。「666」とは「かかか」ということです。「かかか」、すなわち「か」が三つで「神《かみ》」ということになります。同時に「かが三」ですから「かがみ」となります。「かがみ」とは「蛇《かが》の身」、つまり「蛇体」「龍体」のこととなります。

日本列島はよく「龍体列島」と呼ばれますよね。この「龍体列島日本」が実は「666」だということがこれでわかると思います。つまり、**日本列島自体が巨大な蛇体「アラハバキ」であるということです。**

だから、「パナマ文書」とは「アラハバキ文書」ということになります。世界中で秘匿《ひとく》されてきた暗部を一気に転覆させる巨大なアラハバキの急先鋒がこの「パナマ文書」だとわかってくるのです。これは「暗号」なのです。

しかも、この暗号は日本語の言霊でしか解くことができない。日本語を理解できる人にしか解読できないようになっている神仕組みであるといえます。

「アラハバキ文書」の「文書」とは、セオリーであり筋書きであり神仕組みの青写真と解釈できます。これから世界がアラハバかれていく筋書きですよ、という意味に取れるのです。だから、「パナマ文書」、つまり「６６６文書」は、彼らにとって「悪魔の数字」なのです。

「ミロク」（６６６）は、欧米諸国から見れば「悪魔」を表します。欧米諸国とは、つまり「ローマ・カトリック」（バチカン）の視点ですね。バチカンは、世界二十億人の信者を獲得した巨大ピラミッド型集金システムの総本山です。

地球支配の根幹を担い、バチカンは世界人類の精神の頂点として君臨してきました。そんなバチカンから見れば、「６６６」（ミロク）とはまさに悪魔に他なりません。

重要なのは、ニューヨークがアメリカの「東北」に位置していること。これは、まさに東北縄文ヒタカミの雛形投影です。

日本は多次元世界と三次元世界を仲介する「鏡」の国であり、日本で起きたことは世界で起き、世界で起きることは日本でも起きる。そんな雛形の国である日本の原点は縄文であり、かつて、想像もできないくらいのユートピアを高い精神性を伴って実現していたことがわかっています。

つまり、この世の天国のような世界を、数千年以上前にこの世に顕現していたということであり、そのとき、縄文人類は聖遺物《せいいぶつ》のような超科学を用いて「核」を制御していました。

そのような、高い精神性と高い科学技術が高次元で均衡する状態、その「半霊半物質」の境地をこの現代に甦らせることが、人類の究極の目標であり、自由の女神＝セオリツヒメはそのプロセスにおいて重要な働きをなします。

三・一一は人工地震ではなく「神仕組み」として起こされたもの

日本は雛形の国なので、地上の諸外国より一段上に浮かんでいます。一方、「地上＝物質世界を治める王」として君臨しているのはアメリカです。

建国から二百数十年しか経っていないアメリカが、どうしてこれほど強大な国になりえたか。それは**秘密裏に日本のアラハバキ・システムを取り入れ、利用したからです。**

日本の大和朝廷が縄文ヒタカミから「日の丸」を奪って自らの旗印としたように、アメリカは縄文ヒタカミの日本からアラハバキ、つまりセオリツヒメを奪った。そして、アメリカはそのセオリツヒメを使って「新しい世界」を創ろうとしている。

これは、明治新政府が、明治維新や共通語というものを使って「新しい日本」を設定したことと相似象《そうじしょう》に対応していて、日本における縄文ヒタカミが東北・北海道であるように、世界の中の縄文ヒタカミはロシアや北米大陸に相当します。

つまり、明治新政府が日本でやろうとしたことは、アメリカ新政府が世界に対してやろうとしたことであり、これこそがアメリカの掲げる「新世界秩序」の正体です。しかし、アメリカがいくらがんばろうとも、その新世界秩序はなかなか実現しない。結構いいところまで行くけど完全には実現しません。

明治新政府が世界に突進した先に原爆でアラハバかれた結果が待っていたように、アメリカもまた九・一一でその精神的突進性をくじかれました。アメリカはアメリカなりの正義を持っていて、彼らはセオリツヒメ＝自由の女神の霊力によって世界を統一しようとしています。それが新世界秩序です。

その完成には、ニューヨークの自由の女神を「起動」させなければなりませんが、それには本物の縄文のスピリットが必要です。ですから、三・一一で東北縄文ヒタカミが揺らされ、眠れるスピリットが強制覚醒させられました。

しかし、先ほども述べたように、三・一一は人工地震ではありません。実は、アメリカという国を通じて全世界縄文回帰の方向へ向かう流れは「神仕組み」であって、セオリツヒメがアメリカを媒体として使っている状態です。

これは神仕組みですから、アメリカの政治の表舞台にいる人々は誰も真の目的を知りません。自分たちも知らないでやっている。

聖書に「主、つまり神の世は盗人《ぬすっと》のようにやってくる」と書いてありますが、これはそのようなすごいことが起こったとしても誰も気が付かないということです。私たちが「神の国とはこうだ」と思っている内容と、本当の神の国の内容にズレがあって、想定もしていないものが投影されてくるので誰も気が付かない可能性が高いのです。

アメリカ＝フリーメーソン＋イルミナティ

ここで、「アメリカ」という単語を並べ替えてみると、**「アカリ・メ」**になることがわかります。つまり、**「灯り」と「目」**です。

この「灯り」というのはイルミナティのことで、「目」は「ピラミッドに目」でおなじみのフリーメーソンです。イルミナティは形而上の存在であり、フリーメーソンは形而下の存在。この両者は互いに補完し合いながら存在しています。「目」で見ようと思っても「灯り」がないと見えないということです。

イルミナティは、投影される前の「神仕組みの青写真のロゴス」を司っており、フリーメーソンの「目」を通じて、そのロゴスは地上世界に具現化されます。

アメリカという国はセオリツヒメの霊力をもって地球を統一しようとしていますが、その統一とは私たちが見聞きしてきた陰謀としての統一ではなく、これまで誰一人としてこの地上世界で実現できなかったレベルでの統一です。

アメリカという国力を用いて、世界覇権を狙って活動している悪党たちは、この神仕組みの正体を知らず、「うまいことやった」と思っている。実際、そうやって地上世界の「新世界秩序」は完成するでしょう。

しかし、アラハバキのエネルギーは爆発と浄化です。明治新政府から続いた大日本帝国が原爆でアラハバかれたのと同じように、**今度は、新世界秩序を表層意識で創り上げた世界がアラハバかれます。**

つまり、悪党たちが創り上げたアメリカ、フリーメーソン、イルミナティシステムの表層の幻想部分が徹底的にアラハバかれた後に、その背後で縄文ヒタカミ化された新しい世界が頭をもたげるということです。

アメリカは本当のところ何をしたいのか。それはまず日本を基盤の「鏡」として目覚めさせ、その投影を自由の女神＝セオリツヒメを通じて世界中に波及させ、**「世界同時多発縄文化」**

をなすことです。

自由の女神像がフランスのフリーメーソンからアメリカのフリーメーソンへ贈られたのは、そこまで見越したものでした。

ノストラダムスが予言する救世主の正体は？

数々の預言の多くに「日本から救世主が現れる」というものが含まれています。その中で最も有名なのがノストラダムスの預言であり、そこに「セイレン」という言葉が出てきます。

ノストラダムスの預言集『百詩篇』の第六巻七〇番にこうあります。

「偉大なるChyrenが世界の主になるだろう。
はじめは愛されるが
のちに恐れられ、こわがられる
彼の名声と賞賛は天までとどき

ノストラダムス（1503～1566／画像は息子セザールが1614年頃に描いた肖像画の複製画）

勝利者の称号に大いに満足するだろう」

あるいは、

「偉大なシランが世界の首領になるだろう、
プルス・ウルトラが愛され、恐れ慄《おのの》かれた後に。
彼の名声と称賛は天を越え行くだろう。
そして勝利者という唯一の称号に強く満足する」

……などと訳されます。

ここで重要なのは「Chyren」で、これは「セイレン」あるいは「キーレン」と読まれますが、私は「セイレン」と読みます。世界三大予言者といわれたジーン・ディクソンは、これを「ヘンリー・C」（Henry. C）と読み、「反キリスト」だとしました。

しかし、日本語の言霊を持たない人の解釈には限界があります。「Henry. C」の「C」を「K」と読み替えて、「ヘンリー・キッシンジャー」ではないかともいわれましたが、そうではなく、素直に「セイレン」でいい。

「セイレン」は「精錬」であり、これは、金属から不純物を取り除くことです。また、「精練」は天然繊維から不純物を取り除くこと。「製錬」は鉱石から純粋な金属を取り出すことです。

つまり「セイレン」とは、「中にある純粋な本物を浮かび上がらせること」を意味します。これはまさしくアラハバキのことです。

長年の歴史の中で、人類はもちろん、私たちそのものが身につけて、まとってきた「幻想」を徹底的にアラハバいていくことが一番重要であり、アラハバかれた後に残る純粋無垢な原石こそが「縄文スピリット」です。金属を精錬するのと同じように、私たちの身体や心から不純物を取り除く、つまり、自らのすべてをアラハバくということが、まさに反キリストであり救世主ということです。

二〇一二年にアセンションは確かに起きた

これから、今の文明社会が無視してきた「霊性」の部分が大きく出てくるでしょう。それは、人が本来の姿に戻るということです。

霊性を無視して科学技術ばかりに偏重して進化してきた私たちの文明社会は、ここへ来て限界に達しようとしています。産業革命以降に急激な人口増加が起こり、キリスト教の悲願であった「産めよ、増えよ、地に満ちよ、地を従わせよ。また海の魚と、空の鳥と、地に動くすべての生き物とを治めよ」という、神から与えられた人類の「目標」は達成されました。

そして、人類はｉＰＳ細胞を使って、パラケルスス以来の悲願だった「創造主の領域」にまで踏み込むことになった。そのように、霊性を無視する一方で、科学技術を用いて霊性を補完しようとしてきたのがこれまでの人類史です。

それを実現するにあたって、犠牲にしてきたものこそが、私の言う「伏在してきたもの」です。そして、この「伏在してきたもの」を表に出すには、表層を覆っている幻想部分を一掃する必要があります。

その一掃作業を「アラハバキ」といい、奥深くに伏在してきたあらゆるものたちが出やすくするために、アラハバくのです。そのアラハバキの働きが三・一一から顕著に始まりました。そして、二〇一二年末に、人類はｉＰＳ細胞の登場により間違いなく「アセンション」を完了させ、そのアセンションの証拠やサインが日本で続々と現れています。

たとえば、二〇一三年五月一日に、東京・井の頭公園の稲荷神社で火事がありました。燃えたのは「親之井《おやのい》稲荷尊神社」ですが、井の頭公園といえば「井の頭弁財天」が有名です。弁財天は宇賀神と同体といわれており、アラハバキやセオリツヒメとも同体です。実際、井の頭公園には宇賀神も祀られています。

「井の頭公園の神社が放火」と聞いた人は全員「井の頭弁財天」を思い浮かべるわけで、この事件は**「宇賀神＝セオリツヒメ」登場を知らせるサインだった**と考えられます。また、稲荷神社そのものについても、そこに祀られている稲荷神は宇賀神や伊勢外宮に祀られているトヨウケ（豊受大神）と同体とされています。

「野尻湖ナウマンゾウ博物館」付近に建つナウマンゾウの像

この火事の二日後の五月三日には、長野県の野尻湖で駒澤大学の学生が湖に飛び込み、二人が亡くなる事故がありました。野尻湖といえば「ナウマンゾウ」の化石が出土することで有名で、縄文の聖地ともいえる場所です。

その二人はボートで野尻湖の「琵琶島」に渡って湖に飛び込んだところ、溺れて亡くなりました。実は野尻湖の琵琶島は弁天島とも呼ばれ、そこには宇賀神を祀る宇賀神社が鎮座しています。これも「宇賀神＝セオリツヒメ」登場を知らせるサインです。

ここで、宇賀神という名に秘められた言霊について説明しておきましょう。「宇賀」は「うか」ですが、「う」は「あいうえお」の三番目で、「か」は「あいうえお」の六番目であることから、**「うか」とは「三つの六＝６６６」**という意味になります。六は中国語読みでは「りゅう」なので、「六六六」は「りゅうりゅうりゅう＝龍龍龍」です。これは、宇賀神がトグロを巻いた龍の姿であることに関係しています。

その宇賀神の降臨は、三次元現実世界と多次元世界が融合を始めていることを意味します。これは、宇宙最高神が現実世界に降臨しているということで、つまり私たちは確かにアセンションしたのです。

霊性が目覚めたとき「フリーエネルギーの使用許可」が下りる

私たち人類は必死に科学技術を開発進化させてきましたが、未だにフリーエネルギーは実用化されません。なぜなら、その実用化に必要なのは技術力ではなく「霊性」だからです。私たち人類にはその霊性が足りないのです。

ここでいう霊性とは、超能力を開発することではありません。私たちはもともと霊性ＭＡＸ状態を保持していたのに、それを「なかったこと」にした。縄文ヒタカミやアテルイ、インディアンたちにした仕打ちと同じことを自らの「霊性」に対してもやったわけです。

では、どうすればいいか。

私たちの頭の中に巣食ってしまっているあらゆる常識や思い込み、偏見や「こうあるべき」と思わされてきたすべてのモノやコトを、すべてアラハバけばいいのです。それは私たち自身の「正体」をアラハバくことに他なりません。

その第一段階は、まず自らの生活を縄文化させることです。具体的には、炭水化物、糖質をできる限り摂取しないようにする。これでまず意識がまったく変わります。コメや炭水化物を食べるのは、「私は大和朝廷にまつろって奴隷の人生を受け容れます」ということなのです。

これは、栄養学の話ではなく、人の生き方・哲学、人としての誇りとか尊厳というレベルの話です。コメやケーキやスパゲッティを食べている人が「セオリツヒメ」を語ってはならない。靖国神社や伊勢神宮に参拝している人も同じことです。

先に触れたように、セオリツヒメは「セオリー（理論）の姫」であり、物事の筋道を最も重視する多次元プログラムです。それは究極の「縄文プログラム」であり、コメやケーキやジャガイモを食べているような人には絶対に降りない。スジ（筋）が違うのです。

究極のシンプル縄文ライフ、そして本当の縄文というものに気がついた人、理解した人に、セオリツヒメが感応するようになっています。そして、その感応が成されたときに、人類は

「霊性を取り戻したという雛形」を作れるのです。

たった一人でもいい。セオリツヒメと感応を果たせたら、それが全人類の「雛形」となる。そうなったときに初めて「フリーエネルギーの使用許可」が下りる。それができないのに「フリーエネルギー」といくら叫んでもまったくの無駄なのです。

繊細な意識を持たないとセオリツヒメとシンクロできない

ただ、私は「炭水化物や糖質を食べるな！」と強制したいわけではありません。強制や圧力というのは大和朝廷がやってきたことだからです。

何を食べようが、何を信じようがこの世界は完全に自由です。百パーセントの自由意志による自由選択です。しかし、もし炭水化物や糖質を摂るなら、縄文とかヒタカミ、ましてやセオリツヒメやアラハバキの領域に足を踏み入れない方がいいです。迂闊に踏み入れたとたんに、強烈に跳ね飛ばされてしまうでしょう。

または、縄文やヒタカミを滅ぼした大和朝廷の延長線上に成り立っている明治維新以降の現在の支配体制によって「洗脳の道具」として用意された伊勢神宮や靖国神社を参拝しつつ、同

六甲比命神社（神戸市）ご神体の磐座

時にセオリツヒメを祀る六甲比命《ろっこうひめ》神社（神戸市）に参拝してもアラハバかれるだけです。

私たちはもっと繊細にならないといけません。もっと細やかで精妙な意識を持たないと、セオリツヒメや縄文の意識とシンクロできません。それくらい、セオリツヒメや縄文はシビアかつデリケートなのです。

デリケートでセンシティブで、奥ゆかしさと気遣いがあった縄文だからこそ、力で攻めてきた大和朝廷・弥生勢力に封じ込められてしまった。ですから、大声でドカドカと人を掻き分けて乗り込むような人に縄文は似合わない。

ゆっくりと静かに、真面目で実直で、素朴で正直で、勇敢で気配りができて、さらに優しくて奥ゆかしい、謙虚なシャーマンこそが、縄文ヒタカミの最大の特徴の持ち主です。このような縄文意識を志す人は非常に強い孤独感を覚えるかもしれません。しかし、明確な意識を持った独立した個人がいて、それらの集合体が「縄文」となるのです。

一人ひとりは卓越した判断能力や取捨選択能力を持っていながら、互いをリスペクトし、認め合い、和合していく。これが「縄文」という世界なのです。

第5章

宇宙体験の神秘とMANAKAリアリティー（中山康直）

臨死体験のその先にあった超リアルな「宇宙体験」

臨死体験の中で見てしまった五つの歴史的ストーリーは、今まで知らされていた歴史とは違う、驚愕に値するとても興味深い物語でした。その「五色伝説」の記憶を受け取ったまま、スクリーンとなっていた暗闇が瞬《またた》く間に光り輝く空間となっていきました。

そして、また光に吸い込まれるような感じで、今度は光のトンネルを通っていくような神秘的な体験に誘われます。それはまさに「宇宙体験」でもありました。

その宇宙体験の神秘的な世界を、今一度、ここでも簡単に説明します。

十三歳のある日、友達と池で泳いで遊んでいました。その池は一般的にも目立たなく、人も来ない場所ですので、今、思うと普通なら泳がないような池でしたが、仲間と一緒ということでテンションも上がり、みんなで池に入ってしまいます。かなりはしゃぎすぎたこともあって、僕だけ池の中央まで泳いでいってしまいました。

そこでふと我に返ったときに、友達から離れた状況に気づき、急に不安になり、焦って冷静さを失ってしまいます。その後、自分がどんどん池の中に沈んでいきました。もがけばもがくほど悪循環に陥り、完全に溺れてしまったのです。

呼吸ができなくてどうしようもありません。絶体絶命の中で、苦しくてグッタリしてきた肉体とは裏腹に、不思議にも意識は鮮明に研ぎ澄まされていきます。その鮮明な意識がとらえたものは、「池の中で溺れている肉体の自分」であり、少し上から眺める視点でロックオンしています。

視点のある側の自分には肉体はなく自分自身の存在は見えないのですが、そこから池の中にいる肉体の自分へ銀色のコードがつながっているのが見えています。つまり、意識が肉体の外に体外離脱していたのです。

その後、結局は自分の死を受容するしかなくなりますが、受容したとたんに苦しかった呼吸が急に楽になり、気持ちよさを超えて味わったことがないエクスタシーの世界に導かれます。

すると、「溺れている肉体の自分」の奥底の方から光が現れ、その光がどんどん大きくなりながら、溺れている肉体を包んでいきます。

それは太陽のようなまぶしい光とは違い、溶け込むように入ってくる形容しがたい光であり、まぶしくはないのに、とても強く神々しい光です。

結果的に、肉体の自分と意識体の自分がその光に吸い込まれるような感じで、光の中に入ると、なんとそこは真っ暗闇の世界でした。その体験から、「光と闇は別々のものではなかった」ということを知らされます。

その後は、前述したように、その暗闇の領域がスクリーンとなって、五つの興味深い日本史である「五色伝説」を見せられるのです。そして、その五色伝説のストーリーが終わると、また暗闇の世界が現れてくるのですが、さらに深い暗闇となって現れました。その状態でも、まだ意識がハッキリとしているので、自分の存在が見えないことに、どこかで不安を感じています。

そこで自分の姿を探そうと、見えないなりに暗闇を凝視《ぎょうし》していくと、その闇の奥から、まるで満天の星々のような光の粒子が浮かび上がってきたのです。よく見ると、その光の粒子は帯状となって、まるで川のように流れています。

実はその川とは、まぎれもなく天《あま》の河でした。そして、その天の河のほとりには、たくさんの意識生命体がいて、こちらを見守っています。冥界（あの世）的な世界観でいえば、その意識生命体は御先祖様たちであることから、**三途の川とは、まさに天の河のことだったのです。**

そして、その天の河の奥にある銀河の星々の光の世界に入っていきます。しばらくすると、その無数にある光の中で、なぜか一つの光に魅了されてしまいます。その光は最初の神々しい光とは質が異なり、命が輝いているような姿が光となって出現したものであり、言ってみれば「光明《こうみょう》」です。

その命輝く光明が自分に向かって近づいてくるような感じで、光がどんどん大きくなっていきます。自分が近づいているのか向こうから来ているのかよくわからない状況の中で、どんどん光明が広がっていき、ついには、その光と融合し、光と一体となってしまいます。すると場面が変わって、目の前に光り輝く光明なる世界が現れたのです。

ここは天国……？

光明なる世界と一体化してしまった僕は、まさに光の世界に生まれ出てしまったのです。それはつまり、**地球上での臨死体験を通して別の次元に転生した**ということです。

姿形こそ赤ちゃんのように小さく生まれたてですが、地球の赤ちゃんと違って、生まれたばかりなのに、歩くことや話すこともできます。何の不自由もない誕生体験であり、さらに「何のために生まれてきたのか」ということも理屈を超えてわかっているのです。

誕生したばかりなのに、自分のすべきことが自分以外を守ることとイコール関係であって、自分の存在プログラムは全体の中での必須プログラムであり、自分自身という存在がいなければ全体が機能しないということが、生命意識で理解できているのです。

おそらく産んだ親はいるのでしょうが、生まれた瞬間から親離れ・子離れしているので、どの人から生まれたのかは、まったくフォーカスされていない価値観の世界です。すべての大人が親であり、すべてが我が子のような地球的な家族を超越した親子関係になっているのです。

一万年間の宇宙人生を終えた後、地球へ再誕生した

その次元は確かに神々しい世界ですが、地球とあまり変わらない生態系があり、山があって、川があって、海もある高次元の星なのです。ただ、この地球世界よりすべてが色濃く輝いていて、そこにいる人は、みんなが発光しているような姿をしています。いわゆるライトボディなる存在です。

その世界ではすべての人が「説得と納得の世界」を超越しています。光の世界で輝いて生まれることは、納得して生まれてくるということなので、説得や納得する必要もなければ衝突や対立も起こりません。

結果的に僕は、その星の時間軸で一万年という一瞬にして永遠の時間を過ごすことになり、最後にはその星で死を迎えました。

その星における死の体験は、祝福と安堵《あんど》であり、究極の安らぎを伴うもので、地球上の概念

でいうと「卒業」という感じでした。ですから、死の不安や恐怖は一切ありません。

また、その星では「結婚」というものはありません。しかし自分の愛する人たちやご縁を持つ人たちと一緒に惑星レベルの仕事をしています。

一万年間の人生のほとんどは忘れてしまっていますが、主に覚えているのは誕生の体験と死の体験のプロセス、それから、自分の天命となる仕事をした記憶です。

死についてもう少し詳しく説明すると、その星では人生の目的が完璧に成就される仕組みになっていて、志半ばで死ぬということがないので、死の不安などはありません。また、事故や病気で死んだり、殺されて死んだりすることも一切ありません。

逆に言うと、**自分自身や自分とつながる存在たちのために、すべきことをすべてやり終えないと死ねない**わけで、死とは次の世界に移行するための卒業のセレモニーとして、一つの節目になっているだけです。

その星で死んだ後、意識体は控室のような場所に移動しますが、おそらく地球上の人たちも死んだ後は皆、いったんここへ行くのではないでしょうか。

そこは何もない真っ白な空間で、自分の姿も見えず、途方もなく広い無限の領域といえる何にもない真っ新《さら》な空間です。もちろん、そこには誰も何もおらず、意識だけが入れる時空間の部屋です。

そこへ意識体が入ると、次に向かう選択肢が示される仕組みになっています。次に行く選択が案内されているわけではないのですが、そこの部屋に入ると不思議とわかってしまうのです。

その部屋に入った意識体の僕は、たくさんの選択肢を目の当たりにします。他の星や別銀河に行くという選択の中で、「地球に行く」という選択肢がありました。

僕の意識には、一万年経ったという自覚だけでなく、中学生までの十三年間の人生の記憶もありました。その覚えていた記憶から、両親や友達ともそのまま別れてしまったという思いが出てきました。しかし、一万年も経ってしまったわけですから、地球に戻ったとしても両親や友達はいないかもしれないと思いました。

それでも人生の途中で来てしまったことと、その星での覚えている素晴らしい宇宙体験を地球の人たちにも伝えたいという気持ちに駆られて、地球に戻る決心をします。

そして、その次元で「地球に戻る」という強烈な決心をしたとたん、その次元での意識が薄らいでいき、いったん意識が閉ざされたと感じました。次にパッと気づくと、中学生の自分に戻っていて、肉体が池のほとりに打ち上げられており、一命をとりとめていたのです。

異次元世界の星では理想的な生活が実現していた

溺れていた時間は、おおよそ十分間ですが、臨死体験そのものはおそらく五分くらいだと思います。つまり、五分間から十分間という短時間の間に、別の次元に存在している星に行き、一万年の人生を全うして、こちらに帰ってきたのです。

こんな体験は誰に言っても理解を超えているだろうし、当然、自分自身でも信じられませんでした。しかし、確かな体験としてはっきりとした記憶が残っているのです。

その星は、**プレアデスのアルシオネといわれているところ**です。しかし、これは天空にきらめいているプレアデス星団ではなく、肉体は地球に置いたまま、プレアデスのアルシオネという次元に行ってしまったということになります。そこは地球の縄文時代のような豊饒なる世界で満たされ、高度な宇宙人が調和的に暮らしている世界でした。

その星には人工物はほとんどありません。ピラミッドや動物のような生物をモチーフにしたちょっとしたモニュメントはありますが、地球の都会にあるようなビルはありません。コンクリートもアスファルトも、乗り物もない超環境的な世界です。住居は森の中に組み込まれていたり、自然の岩組みや気持ちのよい洞窟に住んでいる感じです。

さらに、その世界には動物や昆虫、植物や微生物も見られますが、地球上のそれらの存在とは少し違い、とても個性的です。猫や犬みたいな生物もいますが、やはり地球上のものとはサイズが違っていたり、形状が少し違ったりしています。地球に存在しているさまざまな動植物が合体したような生命体もいます。

その星の住人は、各エリアに適度な人数で暮らしており、そこの人々はこの地球上の人間とまったく変わらない姿形をしています。少し肌の色の黒い人がいたり、色白の人がいたりして、地球上の人種とほとんど同じ形態ではないかと思います。

ただ、服装は違っていて、地球上のスタイルでいうと先住民の服装が一番近いでしょう。原色を中心に、各人がかなり個性的ないでたちをしており、いくつかの系統に分かれています。

つまり、ある地域の人々は皆、似た系統の服やスタイルをしているのです。部族とか種族の違いで服装の系統が異なり、わかりやすく位置付けられているようです。このように種族の違いは個性としてありますが、違う種族同士が敵対しているということは一切ありません。

人々は、フルーツや植物など自然の物を食べていて、質素な感じです。あまり火を使わず、シンプルな食物を少量食べています。

農作業をやっているというより、ほとんど作付けせずに自然に生育している木の実や野菜を間引きや調整作業をしているだけです。クロップサークル（ミステリーサークル）型の幾何学的

クロップサークル（ミステリーサークル）

な農園はありますが、大規模農場は見たことがありません。

職業としての農業ではなく、あくまでも家庭菜園や芸術的農園のような農法で、さまざまな種類の植物や作物が混《こん》植《しょく》している、いわゆる完全な自然農です。採取民族であった縄文農と同じような価値体系が基本です。

水道や家庭用の電気はありません。水は湧き水がいろいろなところにあり、川の水や雨水も飲めるので困ることはありません。

その星には太陽が七つあり、歳差《さいさ》運動の関係で太陽が一つしか出ていないときもありますが、七つ全部が揃うと、とんでもない太陽光エネルギーとなります。その究極の太陽光により、星全体の発電や蓄電は自由自在です。その上でさまざまな生命も自ら発光しているので、それらの光源がある関係から、生活するためのエネルギーは十分にあることになります。

「必然の完成」のテクノロジーと「思い」の現実化

その星での基本的な移動手段はテレポーテーションです。この宇宙テクノロジーは、文章や言葉でも説明しにくいのですが、目的地が向こうからやってくるような感じで瞬間移動します。

たとえば、日本にいて「ヒマラヤ」とイメージすると、自分がそのヒマラヤに物理的な移動をするのではなく、ここにいながらヒマラヤの方がこちらにやってくるという地球の既存科学では理解できないテクノロジーです。つまり、「意識が一致した場所に位置する」ことができるのです。

修験道の行は歩くことが基本ですが、山岳信仰と習合することで、さまざまな聖山や険しい山を歩きます。当然のことながら歩き続けているとクタクタになり、それでもひたすら歩き続けると、疲れの臨界点を越えて、いわゆるランナーズハイ状態になって、心身の感覚が不思議と楽になります。

そのような境地に入ると、山を歩いているのに歩いている感覚がなくなって、瞑想状態になってきます。そうすると、自分の中では「山が自分に向かって動いてくる感覚」が生じてきます。この感覚が、あの星でのテレポーテーションの感覚にすごく似ていて、テレポーテーションの世界を思い出します。

この向こうからやってくるというテクノロジーは、なにも移動に限ったことではありません。その真髄は、必要なものが必要な時に、必要なだけやってくる**「引き寄せの法則」を超えた「必然の完成」であり、「願望達成」という自分本位の世界を超越している「全体成就」となるすべての存在の到達点**なのです。

さらに、目に見えない「思い」も現実になるのがとても早いのです。つまり、「思い」と「現象」の温度差がなく、思ったことがすぐ現実になる世界です。

それが究極的には物質自体も自らの意志で動いている物心一体の状態となります。つまり、その物を作った人の魂がそこに込められると、生命が宿ったような状態になり、まるで生き物のように動き出してしまうのです。

物に心や魂が宿ると物が自律的に動き出すということは、まさに魔法のような世界です。それはつまり、物と心、物質とエネルギーが融合しているということです。

その星では、ライオンやスフィンクスのような像のそばを通ると、顔がこちらを向いたり目を動かしたりします。それらは狛犬みたいにその場所を守っている存在ですが、まるで映画のワンシーンのようにファンタジックといえる現象なのです。

この地球上でも、これからは**物心一つとなって、物質こそが最も霊的なものに反転するかもしれません。**すでに、日本人は物に心が宿りうると知っていて、物に心や魂を込めることが得意です。それこそが究極の職人芸の最たるものでしょう。

だからこそ、職人さんが魂を込めて作ったものは、生き物のように動き出しそうで、リアルな逸品や作品となるのです。

謎の植物「カンパライソール」による宇宙船の着陸誘導

その星で僕は仕事をしていました。それは「カンパライソール」という名前で呼ばれていた植物を栽培して、そこから抽出したエッセンスを核で汚染された星へ出荷するという仕事です。僕は、その栽培管理から出荷準備を任されている責任者のような立場のセクションで働いていました。

カンパライソールを栽培するのは小型の宇宙人タイプの存在です。僕はその小型宇宙人たちのオーガナイザーのような立場でしたが、地球上の会社のような上下関係ではなく、そのセクションや立場を最大限に考慮した助け合いと尊敬し合う関係で成り立っていて、楽しく共同作業をしていました。

その小さな宇宙人たちは、カンパライソールのエッセンスを抽出したり、調整役も担うプラントの専門家で、まるで妖精のように、その植物に精通しながら、栽培やお手入れをしていました。

それとは別に、僕にはもう一つ専門的な仕事がありました。それは、その星の外から宇宙船である円盤に乗ってやってくる人たちが多数いるのですが、その星にやってくる多数の円盤を円滑に誘導し着陸させる仕事です。

カンパライソールから作った宇宙装置のような神具を着陸場所の目印として立てたり、その神具を振って合図を送り、自由自在に円盤を誘導して、スムーズに円盤を着陸させるための**「宇宙船の駐車場係」**のような役割をしていたのです。

先ほどもお伝えした通り、その星からは七つの太陽が見えます。七つの太陽が揃う頃、その七つの太陽のエネルギーをチャージするために、さまざまな星からさまざまな宇宙存在がやってきます。

七つの太陽は色が全部違っていて、黄色、赤、緑、青、紫、白の他、黒い太陽もあります。これは基本のセブンチャクラもそうですが、七つの次元に対して、一つひとつの光の色がリンクすると考えられます。円盤でやってきた人々はその光を七つの次元フィールドに受け取ってチャージし、自らや円盤のバッテリーの充電にも活用しているのです。

そのとき、円盤自体も光を浴びますが、乗っている人たちも降りてきて光を浴びてエネルギーを受けています。彼らも人間型生命体ですが、その星の住人とは違っていて、スペーススーツのようなものを着用していた人もいました。

円盤の着陸時には、カンパライソールで作ったものを結界のように立てておくと、上空から見たときに明確な目印になるようです。

カンパライソールで作った神具のことを「マースロン」と呼んでいましたが、その神具を振って合図を送る行為は、後になって、**神道の祭祀で神主が榊を振って神降ろしをすることにつながっている**と気づきました。

臨死体験後に起こった、時空間認識の逆転現象

別の次元であるプレアデスという星の世界で、一万年間にも及ぶそれらの体験を断片的な記憶としてとどめつつ、その星での死を迎えたあと、気がつくと池のほとりに打ち上げられて一命をとりとめていました。そこから僕の第二の探求の旅が始まります。

一命をとりとめていたことに安堵する気持ちもありましたが、それ以上に体験したビジョンがあまりにも衝撃的すぎて、「この宇宙体験の意味はいったい何なのか」という強烈な思いに駆られていきました。しかし、中学生の自分にとっては、この宇宙体験の意味はわかるわけがありません。

ましてや誰に相談しても無駄などころか、気が変になったと思われることは明白なので、臨死体験のトラウマも手伝って胸にしまう決心をします。

ところが、いくら胸にしまって隠そうとしても、その衝撃的な体験に基づくある疑問が襲ってきます。

その疑問とは……

「宇宙には果てがあるんだろうか」
「その果ての外には何があるのか」
「なぜ地球は存在しているのか」
「どうして人は生きて死ぬのか」
「我々は何のために生まれたか」
「我々は何のために生きるのか」

そして、「自分とは何者なのか」……

といった究極的な疑問が、いくら忘れようとしても次々と湧いてくるのです。

その疑問の答えを導き出すには、あの臨死体験が糸口になるはずだと思いましたが、どうすることもできません。

これらの疑問は自分にとって人生最大の命題となり、とにかく、机上の学問ではダメだと思い、自分自身が直観を通して体験したことを自分なりに科学していこうという思いが芽生えました。そして、この臨死体験後に**「直観体験科学」**という思考体系を構築することになります。

その思考体系の背景には、臨死体験した後の半年間に体験した特殊な意識状態があります。どのような意識だったのかというと、人と何か話しているときに、相手から返ってくる言葉を、なぜかその前に受け取ってしまうという時空間認識の逆転現象です。**すでにわかっている内容を、相手の言葉がなぞる感じ**です。時間軸が反転していて、答えが先に出てしまっている感覚ともいえます。

その意識状態は面白くもありましたが、最終的には怖くなって自分で閉ざしてしまいました。そこにフォーカスしないように無視すると、その感覚がだんだんなくなって機能しなくなり、それ以来、この現象はなくなりました。

結局、僕はあの宇宙体験の意味を見出すことも、自分の中に生じてきたさまざまな疑問を解くこともできず、その後、悶々と過ごすことになります。

当時、超能力や心霊、ＵＦＯなどがブームになっていましたが、僕自身はＵＦＯがいるとか、いないという表面的な話ではなく、宇宙の真理という前提をもとにもっと深いところを知りたかったので、その種のテレビ番組などに興味を持つことはありませんでした。

宇宙体験で見た「カンパライソール」がヒマラヤの畑にあった！

宇宙体験で抱いてしまった人生最大の疑問を胸に、遊び盛りの時期だというのに、悶々としながら七年の歳月が過ぎていきます。その間、何度も宇宙体験のデジャブが起こることで、頭の世界では忘れられても、常に心の奥底にその課題は息づいていました。

そして、時が流れ成人を迎えた年に、一人の人として、まずはこの地球のあらゆる世界を実際に、この目で見たい、この身体で実感したいという強い思いに駆られました。その後、二十一歳で初めて日本を出て、アジアを旅していく流れの中で、必然的に麻という植物のことを初めて知ります。

ヒマラヤの麓のある町に赴いたとき、現地の人とご縁ができました。その町の郊外にある高台の家にステイさせていただくことになりますが、決して経済的に豊かな家ではないのに無償で泊まる場所や食事を提供していただき、家族のように接してくれました。

家族のように過ごした夢のようなひとときの中で、あるとき、その家の裏山にある斜面の畑に農作業の手伝いについていきました。そこで、とてもびっくりする宇宙的な再会をするのです。なんと、**そこの畑に宇宙体験で見た「カンパライソール」があるではないですか！**

それを見た僕はびっくりして、「カンパライソールがここにもある！」なんという銀河の巡り合わせなんだろうと、とても驚きました。夢のような世界から宇宙体験の記憶が蘇り、完全に目覚めてしまいました。

山岳民族が普通に作物として栽培している植物が、自分自身が宇宙体験の中で見て関わった異次元に存在していた植物と同じであったということに衝撃を受けました。人生最大の疑問を解く糸口と出合ってしまったことにも人智を超えた奇跡を感じました。

気がついたときには、その植物の前にひれ伏していました。その後、その植物が「ヘンプ」と呼ばれている植物であり、日本では「大麻《おおあさ》」と伝えられていることに、さらに衝撃を覚えるのです。

大麻《おおあさ》とは、つまり大麻《たいま》のことですから、一般的には痲薬《まやく》であるとされています。日本の教育では当然ながら、悪いものであるというのが常識となっています。

世界中で痲薬とされている大麻を、この素朴な家族がなぜ栽培しているのか？
そんな痲薬といわれている危険な植物を、なぜ宇宙体験中に見てしまったのか？
この疑問が人生最大の命題を掘り下げていくことに、逆説的な刺激となり、実は「痲薬」という汚名を着せられただけではないかと直観して、この家族に実際の話を聞いてみました。すると、繊維として用いられるし、種も食べられるし、決して痲薬として栽培しているわけではないということが、はっきりとわかりました。

しかし、ではなぜ、この植物が痲薬とされているのだろう。そして、**地球の現社会で痲薬とされている植物が、なぜ臨死体験の奥にあった宇宙の体験に出てきたのか。**

その疑問を解くために、僕はすぐに日本へ帰って、この麻という植物のことを徹底的に調べてみようと考えました。糸口が見つかった僕は、その後すぐに帰国の途につき、日本に帰ってからすぐ『広辞苑』を開いてみました。すると、「大麻＝伊勢神宮のお札」と書いてあるではないですか。

そこで、今度は古神道の方から調べていくと、神主が振っている大幣《おおぬさ》とは、大麻のことであることがわかりました。

「これは、**あの星で宇宙船を着陸させるためにやっていたことと同じだ**」とつながってしまい、さらに調べていきました。すると、大麻は痲薬ではないのに「痲薬という汚名」を着せられて、戦後の日本では、占領軍に押し付けられた法律によって規制されたことがわかってきました。

さらには、日本では縄文時代から盛んに活用されてきた植物であり、世界的にも聖なる植物と位置付けられていることが判明します。これほどまでに素晴らしいものが封印されている一方で、本来扱うべきではないウランなどの地下資源が使われている現代社会のカラクリが見え出してきたのです。

そのウランを使う発電所が自分の生まれた町にあること、宇宙体験の世界では、**核で汚染された星を中和するために麻を使っていること**、さらに、日本では神様を招き入れる神事や行事に麻を使っていること……断片的なパズルのピースがどんどん埋まってきました。その結果、「僕はこの封印された植物を広めるために、もう一度地球に戻されて一命をとりとめたのかもしれない」と思うようになってしまいました。

また、この麻こそが、「どうして地球が存在するのか」「我々は何のために生まれたのか」「自分とは何者なのか」といった最大の疑問の解答を得る糸口となることを確信しました。

この麻という植物を手繰《たぐ》っていけば、次のビジョンが明確になり、人類が向かうべき道が示されると理解するに至ったのです。まさに、直観体験科学です。

このことにより、二十一歳のときに一大決心をして、残る余生（笑）を麻の復興や、麻を活用して循環する本来の地球産業や未来につなげることに、この身と心を捧げていこうという気持ちになったのです。

新たな始まりとなった「知的生命体ＭＡＮＡＫＡ」との一体化

自分自身と麻との関係について話したからには、先に述べた宇宙体験において、実はその体験によりコンタクトが始まった「知的生命体ＭＡＮＡＫＡ」についても、語らなければなりません。

十三歳のときに臨死体験をした後、前述の通り、半年間くらいは非常に研ぎ澄まされた精神状態が続きました。それと連動して、**首のあたりにマフラーが巻かれているような、何かがとりついているような感覚**がありました。

この感覚は強烈なものではなかったので、何かに集中すれば忘れることもできました。しかし、その集中が解けると常にとりついている感覚が残っています。

研ぎ澄まされた神秘的で不思議な現象は半年ほどでなくなりましたが、マフラーのようにとりついていたこのエネルギーは十三歳の臨死体験時から二十一歳までずっとありました。霊能者や病院に頼ってもどうにもならないと確信していましたが、いつかはすっきりさせたいと思っていました。

しかし、二十一歳のときにヒマラヤで麻と再会を果たしたことで、「もう逃げられない」ということを覚悟します。十三歳のときの宇宙体験で見た植物が結局、麻だったことがわかり、さらに、自分の家系が麻と関係している仕事をしていたことや地元のお祭りでも麻が深く関わっていたという事実を知ります。このように、麻とのご縁をいただいたことも手伝って、その境遇を受け入れていくのです。

そして、宇宙体験の中で見たように、麻は核で汚染された星を癒す薬草でもあります。しかも、地球上で僕の住む町には原発があるという必然が、パズルのピースを埋めていきます。自分に起こった神秘的な体験の必然性を最大限に受け入れられたことで、これまで向き合えなかったそのとりついているようなエネルギーと、一体化してみようと初めて思えたのです。

僕はハートを完全にオープンにするようなイメージで、大の字になり、そのエネルギーを心の中に本気で招き入れてみました。すると、首に巻かれていたマフラーのようなエネルギーがするすると取れていく感じになり、八年間ずっとそこにあった違和感が、やっと消えて、すっきりした感覚に戻りました。

その後、久しぶりにすっきりしたその感覚の中で、自分の周りを何かが旋回する感じがありました。しばらくすると、その何かが体の中にスッと入ってきたのです。衝撃や違和感はありませんでしたが、懐に入られたという感じで、何かと一体になってしまいました。

その感覚は心地よい一体感でしたが、その後すぐに自分の意思とは違う何かの音が聞こえてきました。最初はノイズのような音でしたが、チューニングを合わされるように、そのノイズ音がまたすぐに音から言語のようになっていきます。

そして、ゆっくりとした口調の、しかも**自分の声ではない何者かの声が内側から響いてきたのです。**

自分の考えが内面から伝わってくるのとは違い、自分が思っていないことが奥底から響いてきます。自分とは別の存在の声だと思いましたから、最初は当然、少し抵抗感がありました。

しかし、心地よい響きであったことと、明確に言語化されて最初に聞こえてきた「やっと受け入れてくれましたね」という優しい言葉に、すぐに安心感を抱いたのです。

しかし、その安心感を抱いたあとのフレーズに衝撃を受けることになります。その声を超えた響きの主は、「やっと受け入れてくれましたね」という優しく語りかけるような言葉の後に、その存在を明らかにする言霊を放ったのです。

「私はあなたです」と……。

当時の僕は、この言霊に衝撃を受けると同時に、何者かわからなかったこの言霊の主が、自分自身の**「後ろの正面」**であると瞬時に理解できてしまいました。

臨死体験の暗闇で見た「五色伝説」の最後の物語である「縄文宇宙」の世界では、「光と闇」「良い悪い」「男と女」など、この地球上のあらゆる二元性からなる相対な世界を、一体なる世界で結んでいます。「あなたと私」は、もともと「一つ」であるという中庸意識を、つまりゼロポイントの意識を縄文の宇宙観の真髄として、すでに経験していました。そのことが、この知的生命体とのコンタクトを受け入れていくことをスムーズにさせ、知的生命体と一体化した新たな始まりとなっていったのです。

これが後に**「MANAKA」と呼ぶことになる存在との出合い**です。

知的生命体MANAKAの通信教育が始まった

自分自身の後ろの正面といえるその存在は、自分以上でも自分以下でもなく、普段はとらえにくい自分の奥に存在する真の自分や宇宙的な自分と言うこともできるでしょう。その存在が僕にコンタクトしてきた理由が判明していくことで、その存在の正体が知的生命体であることが理解できてきました。

「あなたが臨死状態となり、次元の違う領域にアクセスしてきたのでコンタクトできたのです。我々とあなた方は常にワンネスとして一体ですが、周波数の違う領域にいる関係から、干渉し合えません」

なぜコンタクトしたか、についても理解できました。

「今、宇宙は進化の真っ只中にあり、その宇宙とつながり同期している太陽系、そして地球もまた進化の真っ只中にいます。その進化のプロセスによって地球は今、パラダイムシフトの真っ最中なのですが、地球の住人たるあなた方の物事のとらえ方や考え方が本質とは真反対なので、人類の意識の反転が鍵となります。これから、地球的にも意識の反転をすることが余儀なくされていくことでしょう」

一字一句覚えているわけではありませんが、おおよそこのようなことをテレパシーで送信してきました。自動的にそれがダウンロードされました。

その後、ある提案を言語で通信してきました。

「これから、あなたに通信教育をします」

地球人の意識を反転させるため、通信教育をするというのです。

そんな声が聞こえた僕は、いよいよ頭がイカレてしまったのかとの思いもよぎりましたが、このような言葉が聞こえてくることを除けば、他はまったく普通の状態でした。これは頭が変になったのではなく、臨死体験とその奥にあった宇宙体験がきっかけとなって起こっている意識状態であることを理解していきます。

たとえば、絶体絶命の危機的状態になったときなどは、物事がスローモーションのように見えたり、苦行などの極限の状況に置かれると超越的ハイな状態となって、変性意識状態となります。このような状態は一種の覚醒状態といえます。脳が宇宙のチャンネルと同調するのでしょう。

そのような意識状態がベースにあり、その知的生命体の言葉は拒絶する内容ではなかったので、自然に受け入れることができました。

また、宇宙体験以来抱いてきた「宇宙には果てがあるのか」「地球は何のために存在しているのか」「自分とは何者なのか」といった疑問への答えが得られそうだという直観も生まれたのです。そこで、その知的生命体なる存在の「通信教育」を受け入れることを自分に許可することで、そのときから通信教育が始まったのです。

通信教育といっても、地球の既存の通信教育とは違い、宇宙からの通信教育であり、ましてやその発信元は知的生命体です。その関係は先生と生徒という上下関係ではなく、対象は相対的な世界を超えた一体なる世界での関係なのです。つまり、僕が質問しなければ返答はありません。

それはまるで**「未知なる泉」に質問という一石を投じると、波紋のように答えが返ってくる**という感じです。

言語で返ってくる答えは日本語です。しかし今までの日本語としての言葉や文を超越している直観的かつ詩的でシンプルな表現です。科学的というよりは美しい文学的なフレーズで、哲学的であって、ときにはトンチが効いている回答です。

ただし、自分自身に関する個人的なことを聞いても、一切答えが返ってきません。あくまでも客観的で、人類の意識の反転を目的としていますので、人類共通の概念についてしか回答はありません。しかも、正解／不正解では決して語れない内容なのです。

最初、その知的生命体である声の主には名前がありませんでした。しかし、質疑応答をするには対象に名前があった方が質問を投げかける側としてベストであることを気づいてくれて、「ＭＡＮＡＫＡ」という名称を設定してくれました。そこから、ＭＡＮＡＫＡという知的生命体との本格的な質疑応答の通信教育が始まりました。

「MANAKAリアリティー」は「反転の宇宙観」

MANAKAには、今まで三十年以上にわたって、二千項目以上のたくさんのことを聞いてきました。

「宇宙とは何ですか」「地球とは何ですか」「生命とは何ですか」「平和とは何ですか」「神とは何ですか」といったあらゆる概念的なことから、「人間とは何ですか」「生物とは何ですか」「食物とは何ですか」といったことなど、それから日常的な思いにある「苦しみとは何ですか」「喜びとは何ですか」「迷いとは何ですか」など、思いつくかぎり、ありとあらゆることを聞いてみました。

それらの問いへの答えをロジックとしてまとめたものを、**「MANAKAリアリティー」**と呼び、二〇一三年から開示しています。

最初は受け取る側にとって、回答がとても難解に感じられました。

MANAKA側の概念で言うと、「宇宙が最も小さくて、心が最も大きい」となります。当時、僕自身は宇宙は無限で広大な領域だと信じていたのに、MANAKA側からすると、宇宙こそが最も小さく、心こそが最も大きいと言うのです。

にわかには理解できませんが、本来、大小という概念がないからこそ、大きいことは小さいことでもあり、小さいことは大きいことでもあるという反転の基本教育でした。さらには、なぜそうなっているのかという説明や理由は一切なく、ただただ答えが来るのみです。自分でその理由を探っていくしかないという、地球上の学術的な教育と違う途方もない、まるで宇宙の中で一粒の種を探すような未知なる道への旅の始まりです。

だからこそ、最初は一つひとつの答えの意味がまったくわかりませんでした。果てしなく永い道のりに思え、何度も頭がパンクしてしまいました。よくここまで続けられてきたと思いますが、それも何か大いなる存在のおかげ様ということに尽きるのです。

「宇宙が最小で、心が最大」ということの説明としては、この地球上に人間が一人もいなくなったら、我々人類を通して見ている外側の宇宙は「ある」と定義できなくなってしまい、人類にとっての宇宙は消えてなくなってしまいます。その意味からいえば、「宇宙の中で我々が生かされている」という定義は真反対になってしまいます。

量子学的にいえば、見える宇宙は小さく、見えない心は大きいということであり、実際に人類という存在が宇宙を存在させているのです。

ＭＡＮＡＫＡ的にいえば、我々の中に等しく宇宙が内包されていて、その内側の宇宙が命の輝きを通して、外側に映し出されていることになります。これこそが、**最も大きなものが最も**

小さなものとして表れ、最も小さなものが最も大きなものとして表れている『反転の宇宙観』です。

　大小どちらも間違いではないのですが、両方の視点から見ることが、真ん中のMANAKA意識の中庸です。我々が地球人として宇宙の本質を知るためには、地球から宇宙を見ている視点だけにとらわれず、外側から地球を客観視する視点も大切です。そうすれば、「あちら」と「こちら」が鏡合わせとなり、その真の実態が明らかになります。

　外側だけに宇宙を置いてしまうと、すべての責任の所在を外側に置くことになり、「あいつが悪い、こいつが悪い」と他人を非難、批判するような意識を持つことになるのです。それは内観ができていないということでもあり、**「反転しない」**とその真理が見えてこないのです。

　それは相手の立場になれるということでもあります。外側に責任の所在を置くのは、外側に向かう道となり、仏教でいう「外道《げどう》」（道理に背く考え）となってしまいます。

　この「外道」から「内道」に反転していくことの必要性を、MANAKAは伝えているのです。

　神社には本殿の神前に鏡がありますが、「カガミ（鏡）」という言霊には、「カミ（神）」の間に「ガ（我）」が入っています。鏡の前（神の前）では、そこに参拝している自分が映る仕組みになっていますが、その神前で、参拝しているあなたの心（シン）こそが、神（シン）の実体であり、神殿という身（シン）を運んできたあなたに、すべてが現れています。

「人」と「銀河」の織りなす精神のタペストリー

ＭＡＮＡＫＡリアリティーとは、知的生命体ＭＡＮＡＫＡの宇宙観であり、反転して見えている宇宙の実体を解き明かす新たな叡智です。だから、今までの地球上のスピリチュアルな情報とはまったく違っています。

また、個人的なことには直接的に無関係なので、ハイヤーセルフのような個人的なガイドとの違いも明確です。

ＭＡＮＡＫＡとの具体的な質疑応答セッションをいくつか紹介しましょう。

まずは、人間と人についてです。

ＭＡＮＡＫＡは**「人間とは入れ物であり、人とは大宇宙そのものである」**と回答しています。ここでのポイントは、「人間」と「人」を分けてとらえていることです。

つまり、「人間」という言葉には、空間を意味する「間」が入っています。そして、**「人間」はやがて「間」を釣り（まつり）合わせて、「人」になっていく**ということです。ここでいう

「人」というのは大宇宙そのものであって、その「人」を入れる入れ物が「人間」です。

もとは一つなのですが、二元性で成り立つ世界では、相対的なものが存在しています。そこで、「人間」というのは、いろいろな対象物との距離がわからない段階の役割を演じているのです。

たとえば、マイクとスピーカーが近づきすぎるとハウリングが起きるように、どんなに仲のいい夫婦や友達でも、ずっと一緒に居すぎると「ハウリング」が起きます。しかし、遠すぎると寂しく感じることから、適度な距離が大切であるということを気づかされます。

それは、人間関係だけでなく、あるいは人間以外のモノとの関係でも同じことで、近すぎても遠すぎてもいけません。**いろいろなモノとの適切な距離を理解する境地が「人間」であって、そこがわかったら「人」になっていくのです。**

いろいろなモノとの適度な距離を理解したということは、反転した世界からいうと、「あなたの立ち位置がわかった」ということであり、それにより**「人間」を卒業して「人」になっていきます。**

また、**「男性とは?」**と質問すると、**「神のことである」**と答えが返ってきます。そして、**「女性とは?」**の質問には**「創造主のことである」**と返ってきたのです。

女性は男性の助けを得て子どもを創造します。**「子ども」**は**「未来」**なので、女性は創造主として未来を創造していることになります。さらに、男性は女性から生まれるので、神も創造主（＝女性）から生まれたことが示されています。

その男性と女性の営みである**「性交（まぐわい）」**については、**「太陽と月の舞踏《ぶとう》である」**という詩的な表現をします。

ヒンドゥー教の世界では男性のシンボルを象徴して、シヴァリンガといっています。その破壊と創造のシヴァ神は、ナトラージュという舞踏の神にも化身して、求愛のダンスを舞います。太陽である男性と月である女性が舞踏することで、創造のサイクルに入るという生命原理を表しています。まさしく、十月十日で生まれてくる道理といえます。

さらにＭＡＮＡＫＡは**「心とは太陽のことであり」「意識とは月のことである」**と伝えています。つまり、目に見えない想念を目に見える天体に置き換えて表現しているわけです。

では、**「地球とは？」**となると、あなたの**「気持ちのことである」**となり、太陽（心）と月（意識）と地球（気持ち）を三位一体にした言葉を、日本の先人たちは「心意気がいいね」という言霊として使ってきました。

「心意気」は「心」と「意識」と「気持ち」と書きます。「心意気がいい」というのは、心がオープンで、意識がクリアで、気持ちが温かい人のことをいうのです。

「心が太陽」ということは、太陽は公転していないので、**心は動いてはならず、不動心が大事**

ということになります。

一方、「意識は月」ということは、月は衛星のように動きますので、見たものや思った対象のところに動く働きを持っているということです。たとえば、「腹が立った」「頭にきた」という感情は、考えが暴走して意識が頭にきたということに他なりません。ですから、この意識（月）に心（太陽）の声（光）を反射させて、気持ち（地球）を照らせば怒りは収まってくる（闇を照らす）という筋道や想念のメカニズムも、ＭＡＮＡＫＡの回答を解読すればわかってきます。

魂は根源的であり、人間だけに付帯しているというよりも、人間世界を超えているものですが、心と意識と気持ち以外にもう一つ人間の持っている見えない想念があります。それは「精神」です。あるときＭＡＮＡＫＡに**「星とは何か」**と聞いたら、**「精神のことである」**という答えが返ってきました。つまり、精神世界というのは、まさしく星の世界なのです。

さらに、その星がたくさん散りばめられている空間である**「銀河とは何か」**と聞けば、**「精神のタペストリーである」**という答えになります。そう考えると、天の河の神話やお月さまの伝説などの銀河の物語には、必ず機織りが出てくることの意味がつながってきます。

ペルシャから伝わった星信仰の伝承を紡いでいるアジアの少数民族は、北極星を針、北斗七星を糸と考えて、それが織り成すストーリーを天の河に見立て、できた服を体に纏っています。つまり、天の河を羽織っているのです。

「真実」と「真理」の違いと宇宙的な死生観

あるとき、**「真実とは何ですか」**という質問をぶつけてみました。そうしたら、思いもよらない答えが返ってきました。その答えは**「禁断の果実である」**と言うのです。またもや、意識の反転が起きてしまいました。

みんなが真実を求めている世の中で、それが禁断の果実とはどういうことなのか。相変わらず、その答えの説明はありません。

そもそも答えに説明が必要だということとは、それは答えになっていないということであり、宇宙はシンプルにできているので、すでに答えてくれていて、実はすべてが答えだらけなのに、その答えを人間は解釈できずに受け取れないだけなのです。

真実はたわわに実った果実のようなものです。それが熟してあなたのもとに落ちてくるのを待ち望むのみであり、自分から取りにいくものではないという意味で、禁断の果実なのです。

あなたがあなたでいるのなら、必ずあなたのもとにその果実は落ちてくるのです。そのときには、果実はちょうど熟しているから、一番美味しいときに、その果実を食べることでその人の実となるのです。**「真の果実」は「真の理解」となって、あなたのためのものとなり、「真実」は「真理」となって、あなたに届けられるのです。**

真理は人の世で大切なことですが、真実というものは各々で違うから争いの原因になり、真実を追い求めている人は、「自らが偽りだから追い求めている」ということを暴露する話です。

真実が禁断の果実ならば、**「真理とは、完熟の果実である」**のです。

ＭＡＮＡＫＡに**「生まれるとは何か」**と問うと、**「死の世界に入ることである」**という答えが返ってきます。二元論の世界では「死」の対極に「生」があると考えますが、そうではありません。生まれた瞬間に死が決定され、そのときから死へ向かって生きていくわけですから、生と死は一体だということです。

我々の死生観とはまったく違う価値観を持っている知的生命の世界です。

現代の価値観では、命が最も大事にとらえられていますが、命より大切なものがあるのです。これは、ネイティブ・アメリカンの死生観とも共通性がありますが、命より大切なものとは、生きることそのものです。

料理の世界でいうのなら、命とは料理を作るための道具です。もちろん道具も大事で大切に磨いて使うことが必要ですが、料理道具は食べられません。料理そのものを食べるのです。

だからこそ、生きる目的を探しているということは、実は死んでいることであり、すでに生きているのなら生きていることそのものが命の目的となっているはずです。それが本来の死生観ではないでしょうか。

逆に、**「死ぬとはどういうことか」**と問えば、**「星を生むことである」**と返ってきます。我々は限られた寿命を持つ人生の中で、自由意志に基づいて体験したことは、あなたのオリジナルの経験という材料となります。その材料を死んだ後に宇宙に持って帰ることで、それを原材料にして星をつくることになるというのです。

宇宙は自らの成長のために、より多様性のある経験値が必要であるがゆえに、地球上での体験をあなたに任せて、あなたという分身を地球に派遣したのです。

ですから、**我々の人生とは、その経験に基づき星を共同創造する壮大な作業であり、まさに宇宙を創造している**ことでもあります。「巨星墜《お》つ」とか「人間死んだら星になる」といったフレーズはまさにそのことを言っているのでしょう。

だからこそ、誰かの真似事ではなく、**「あなたの物語を生き、あなたの生き甲斐を生き、あなたという自分自身を生きる」**ということをＭＡＮＡＫＡから教えられました。星を生むというメカニズムは、人智を超えた世界なので、それ以上はわかりませんが、ともかく、人間は死んだら星を生むわけで、だからこそ、**「命」**とは人間のものではなく**「星からの贈りもの」**です。

「星」は「日」を「生む」と書きます。つまり、星から毎日、命が生まれるということであり、この理解は漢字の構成としてもある程度、理にかなっているのではないでしょうか。

覚醒の「醒」は「酉」に「星」と書きます。そこで、**「覚醒とは何ですか」**と聞くと、それは修行して得る特別なものではなく、誰にでもすぐにできることであり、その答えとは、**「星と受胎することである」**と、とても詩的な表現が返ってきました。

ここでいう星とは自らの精神のことですから、自らが自らの精神を受け入れることで、受胎する新たな精神性のことを覚醒と定義しています。

「アマテラスの天岩戸開き」のMANAKA的解釈

日本神話のアマテラスの天岩戸伝説にある**「天岩戸開き」**についても聞いてみました。すると、**「天岩戸開き」**とは**「後ろの正面の出現のことである」**という答えでした。

アマテラスが天岩戸から出てくる特定の存在に限定された話ではなく、神話にたとえられた伝説を超えた人類の夜明けのことを伝えていたのです。そこで、**「後ろの正面」**について聞いてみると、その答えは**「あなたを見ているあなたのことである」**というすべての人に関係している返答でした。

つまり、自分以外の存在に対しては嘘をつくことができますが、自らに嘘をつくことはできません。嘘をついたとしても、後ろの正面である真のあなたは、そのことを知っています。それは、「あなたを見ているあなた」という存在の本質は、常に表面のあなたを後ろから見守っていて、すべてを理解してくれているということを物語っています。

その**「後ろの正面」**である**「あなたを見ているあなた」の出現こそが、真の天岩戸開きなのです。**ということは、真の天岩戸開きは、この世界においてまだ起きてないからこそ、これからみんなで起こしていく「約束した祭典」であり、その「約束の時」が来ているのです。

また、「かごめかごめ　籠の中の鳥は　いついつ出やる　夜明けの晩に　鶴と亀が滑った後ろの正面だあれ？」と歌われるカゴメ歌にあるように、鶴と亀が統《す》べらないと「後ろの正面だあれ」という話にはなりません。そこで、**「鶴と亀が統べるとは？」**と問いかけると、**「見ている世界と見られている世界が同じになることである」**と返ってきます。

現代人は人にどう見られているかを気にしすぎます。気にしすぎると自分のしたいことができなくなり、「自覚なき奴隷」となってしまいます。

しかし、いくら他人の視点や視線を気にしたとしても、それを見ているのは他ならぬ自分自身です。ですから、自分が見なければ一切気にする必要もないのに、どうしても見てしまうという鏡の中のアリス状態に陥ってしまっています。

しかし、見ている世界と見られている世界が同じになると、そこから解放され、その奥が見えてきます。古代の神道に観る「十種神宝《とくさのかんだから》」の「沖津鏡《おきつかがみ》」と「辺津鏡《へつかがみ》」がそのことを深く表しています。

彼岸の向こうからあなたを見て映し出している鏡が「沖津鏡」で、こちらから見ている視点の鏡が「辺津鏡」です。この二つの鏡が合わせ鏡になると、「八握剣《やつかのつるぎ》」を授けられます。「八握剣」とは、別名を「天羽々斬剣《あめのはばきりのつるぎ》」といって「幅を斬る剣」のことです。「幅」が斬られると、その中から「奥行」が見えてきますが、「奥行」で見るとはどういうことでしょうか?

たとえば、ペットボトルの水を「幅」で見るというのは、値段はいくらで、容量はどれくらい入っているか、というように通常の表面的な価値観で見ることにすぎません。しかし「奥行」で見ると、この水がどこで湧いていて、どのようにボトリングされて、どういう経路や形で自分のところにやって来たのかという世界まで見ることになります。

同様に、土地を「幅」で見ると、坪単価はいくらで、ここからここまでが自分の土地だというように表層だけを見ることで完結してしまいます。一方、「奥行」で見ていくと、この土地は先祖代々から受け継がれてきたありがたい土地であり、経緯を調べたら二百年前はお寺が建っていた土地であったことがわかったなどのように、深い歴史や由来が見えてくることになります。

このように「奥行」の見方と「幅」の見方では、自分自身に辿り着くまでの道のりや経由の見え方が違うので、ありがたみがまったく変わってくるのです。その意味で、「幅を斬って奥行を出す」ということで、天地一同のご縁に通じ、自らの視点が他からの視点を包み込み、見ている世界と見られている世界が同じになるのです。

「苦しみ」を「喜び」に替えることができる宇宙人の心

ＭＡＮＡＫＡリアリティーでは**「苦しみ」**とは**「人間の証明である」**と定義しています。この定義も最初は理解できませんでした。

では、人間は苦しむために生まれてきたのか、という単純な疑問が生まれ、それこそ、理解に苦しみました。しかし、さまざまな質問の答えを受け止めていくことで、だんだんと理解する喜びに至ってきたのです。

どうも、人間以外の生物には苦しみがないようです。昆虫も植物も微生物も、みな「苦しみ」を一切持たされていないようです。ということは、人間は苦しみを「**持たされている**」ということです。

稲刈りでうっかりカエルを切ってしまったとき、生体反応でピョンピョン飛んで血も流しますし、本能で逃げていきます。人間は痛みや苦しみを持たされているがゆえに、「痛かったね、ごめんなさい」と自責の念を持ちますが、カエル自身は痛くないのです。人間の意識構造と違い、集合意識にいるので、死ですら個体の細胞の一つが脱落するようなものです。人間も三か月ぐらいで細胞が死滅していきますが痛くはありません。

だからといって、殺生《せっしょう》することの正当性にはなりませんが、もう少しわかりやすい例を挙げると、蟻はまったく痛みを持たされていません。もし蟻が痛みを持たされていたら痛くてたまりません。どれだけ人間や他の動物たちに踏みつぶされているのでしょう。まさに地獄です。この蟻は痛みを持たされていないということこそが、宇宙の慈愛であり、地球の慈悲なのです。

それでは、なぜ人間は痛みや悲しみ、そして苦しみを持たされているかというと、**人間は苦しみを喜びに替えることができる**からです。逆に言うと、**人間以外の生物は苦しみを喜びに替えられない**ということです。苦しみを喜びに替えられるのは、地球上では霊性を持った人間と一部の霊的な動物しかいません。

「悲しみ」は、親子関係に強い絆と働きを持つことから、哺乳類の動物全般が持たされていますが、その「悲しみ」を持たされていることで、「楽しみ」を抱くことが与えられ、「悲しみを楽しみに替える」ことができるのです。

「苦しみは人間の証明」であり、**「楽しみは人間の責任」**であるとMANAKAは伝えています。子育てや会社に行くのが責任を果たすことではなく、それを**楽しまなければ人間の責任を果たしていることにならない**というわけです。

「地球上のあらゆる問題を解決するには？」という究極の質問に対してのMANAKAの返答は、**「解決するまでもない」**というこれまた究極の答えでした。

問題と解決法は必ずセットになっています。だから、**解決できない問題は起こりようがないし、起こるはずがない**のです。セットになっているから、問題を受け入れた瞬間から解決が始まり、必ず解決に至るのです。

しかし、セットになっているからこそ、その問題の解決は、さらなる解決による成長を求めているために、次の問題を引き寄せてしまうのです。つまり、問題→解決→問題→解決→問題……というようにいつまで続くかわからないループに入り込んでしまいます。

そこで、問題の所在とその問題の存在理由を明らかにしてみましょう。「この地球上にそもそも問題はあったのか」という根本的な話になります。もともと、問題などなかったはずです。

実は問題をつくり出しただけだったのです。亀が亀だったら問題はありません。鶴が鶴だったなら問題はないのでしょう。しかし、亀が鶴になろうとしたり、鶴が亀になろうとしたら、どだい無理な話なのです。問題山積みの問題だらけになってしまいます。

つまり、問題とは偽りの自分を演じ続けてきた結果であり、「あなたがあなたになっていない」ことが原因となって、結果として問題を発生させていることになります。したがって、「あなたがあなたであるのなら、そもそも問題は発生しないはずですから、解決するまでもない」という答えになるのです。

「悟りとは?」についてのＭＡＮＡＫＡ的な解釈も、問題と解決という原因と結果の因果関係を超越している宇宙的な客観性からとらえています。その解釈は**「煩悩の正体である」**と伝えています。

悟りをゴールにする宗教観はすでに終わっていて、二千六百年前に仏陀が悟りを開いたときから、その遺伝子を引き継いでいる現代人の悟りはすでにスタートしているのです。

いくら悟ったとしても、この地球に未だに戦争や飢餓が存在している状況を無視して、個人的な悟りの世界を求めても本質的に意味はありません。悟りにおけるさまざまな智慧の実践をしない限り、つまりこの地球が真に平和になるような智慧の完成を成し遂げない限り、どんなレベルの個人的な悟りも虚無なのです。

つまり、**「悟りたい」という思いが煩悩の正体であり、その個人的な思いから卒業することこそが「解脱」**となっていくのです。

「解脱」とは仏教用語で、生老病死《しょうろうびょうし》の無常なる因果応報から離脱し、輪廻転生のサイクルから卒業する境地のことだと仏教では教えています。しかし、ＭＡＮＡＫＡリアリティーでは**「解脱とは宇宙人になること」**だとしています。

ここで言う「宇宙人」とは「地球人」であることと分け隔てられているものではありません。東京都民、日本人、アジア人、地球人、太陽系人、銀河人、宇宙人……というように、後者が前者を内包している入れ子構造として考えると、宇宙人の意識を持って地球に生きることであると理解できるのです。

その意味において、地球に生きながら、自分も含めて客観的な視点が芽生えたなら、見え方が変わり、ハマりすぎている地球の常識が、宇宙や自然には通用しないことがわかってきます。

「反転した宇宙観」であるＭＡＮＡＫＡリアリティーは実にシンプルであり、人として物事に**「心を寄せて、心を込めて、心を尽くす」**のみであると説いています。

あなたがもし、人としてその物事に心を込めることができなければ、どんな素晴らしいといわれることでも、どんなに意味を持つといわれることであっても、あなたがやることではないのかもしれません。誰かの仕事ではなく、あなたの仕事をやるために今ここにいるのですから……。

未来のことは誰にもわかりません。予言も予知も、あなたが見ている映画の前には雑音でしかありません。MANAKAは信じることはときには美しくもありますが、本質的には必要ないと伝えてくれています。なぜならば**あなたはすでに「知っている」**からです。

そして、誰もが知っている必ず訪れる未来があります。それは、誰もが必ず肉体の死を迎えることです。すべての人が百パーセント死を経験します。そのときが訪れるまで、麻のように真っ直ぐ天に向かって生き続けるだけです。

「死ぬまで生きましょう☆」

「忘れものがないように☆」

巻末対談
封印は開かれ、新たな時代の胎動が始まった

「隠されたもの」の封印が解かれ、浮上してきている

編集部　中山さんにお聞きしますが、「ＭＡＮＡＫＡ」とのやりとりは一問一答のような形で行われたのでしょうか。

中山　基本的に一問一答形式です。短い答えが返ってくるだけで、その答えの説明はなく、後は「放置プレイ」です（笑）。だからこそ、その答えの意味を自分で掘り下げないとわからないのです。

しかも、答えといってもほとんど意味のわからない内容だから、他の質問の答えとすり合わせながら、断片的な情報をもとに全体像を探っていくという途方もない作業です。自分が理解しないと人にも伝えられないので、まずは自分自身が理解する作業を求められるわけです。

そして、ＭＡＮＡＫＡにとっては、僕に伝えることが目的なのではなく、人類の意識の反転を目的としています。僕が人に伝えられる立ち位置にいることはＭＡＮＡＫＡとしては百も承知なわけですから、僕としては自分の理解だけにとどめず、他者に伝えることは必然のことになります。

この解読作業は、カゴメ歌などの解読とも共通性があります。解釈があらゆる分野に関係している点も、とても似ています。

澤野　カゴメ歌は何種類ものパターンで解読できるんですよね。で、どのパターンでもつじつまが合うという。

中山　つじつまが合いながら、どこを切っても金太郎飴のようにすべてがつながってきます。

澤野　そういう意味で、ものすごく深い歌です。普遍性のあるメッセージなんですね。

中山　カゴメ歌については、埋蔵金を隠した歌だという説もあるぐらいですから、隠されたものを「後ろの正面」から浮上させるという、逆説的な反転の法則性を伝えているのでしょう。

澤野　そういう隠されたものが、今、どんどんあからさまになってきている。

天皇家の紋章は菊ではなく「シオン」だ

中山　あからさまになっているという話の一つとして、今年（二〇一六年）は特に、琉球に何度も行っているのですが、あるとき、琉球沖縄在住の古代史研究家の一人から、「中山さん、天皇家の紋章って何だか知っていますか?」と尋ねられました。

当然のごとく「菊の紋ですよね」と答えたら「違います」とおっしゃるんですね。それで驚いて、「五七の桐《きり》ではないし、日の丸そのものが紋章といえなくもないけど……」と返しましたが、その方は時間がないということで立ち去るときに、「天皇家の紋章はひまわりです」とだけ言い残して帰られました。

澤野　ひまわり、ですか……。

中山　これはちょっとピンとこない話です。というのは、ひまわりは北アメリカ原産で十七世紀ぐらいに日本に伝来してきた外来種です。それが太古から存在する天皇家の紋章になっているとは考えにくい。

ひまわりはキク科の植物ですが、それ以上のつながりがわからず、消化不良のままになってしまいました。しかしその後、分杭峠でワークショップをしたときに、参加者の中にいた植物学者の方にそのことを聞いてみたところ、「中山さん、それはシオンのことです」と即答されたのです。

キク科の一種に「シオン」という品種があります。キク科シオン属の多年草で、約百八十種類ほどの品種が確認されていて、原産地は日本を含めたユーラシア大陸全般に及びます。学名は、Aster tataricus《アスター タタリクス》で、ギリシャ語のAster（星）を語源としています。

キク科シオン属の花

調べてみると、シオンは「紫苑」と書き、よく栽培品種で見かけるような大輪の菊の花とは違いました。真ん中が黄色で、花は小さく質素ですが、花びらが紫色の可憐で美しい自然種です。花言葉は「君を忘れない」「遠方にある人を思う」です。

ただ、日本ではこのシオン属はほとんどなくなっていて、その植物学者の方によると、おそらく九州の熊本あたりか淡路島に少しあるのではないか、ということでした。

これには驚きました。だって淡路島は「シオンの島」といわれているからです。一方、熊本には五色人（世界のあらゆる人種）のルーツとされる幣立神宮があります。これは何かあると思わざるをえない。

澤野　確かに何かありそうですね。

中山　古代ユダヤ人が上陸したのは「おのころ島」あたりだといわれていますが、そこに、淡路島の「油谷《ゆだに》」という地があります。ユダヤを連想させる地名ですね。

その後、熊本へ行く機会に恵まれたときに、地元の野草センターに問い合わせ、このシオンが生えているかどうか聞いてみました。すると、「季節的にほとんど生えていない時期ですが、一本だけある」というので見に行ってみました。実際に目にしたシオンは高さが二メートルほどあり、キク科の中でも丈《たけ》が高い品種ということがわかりました。

昔の熊本の南の地域の人々は、この菊の真ん中の黄色い部分をお日様に見立て、花びらがみんなそこに集まっているという意味で「ひのまわり」と呼んでいたそうです。つまり、これが「ひまわり」という名称の原型なのでしょう。

それで、沖縄の古代史研究家の方のおっしゃっていたことの意味がつながりました。つまり、**ユダヤ人のいう「シオンの地に帰ろう」というのは、ヤマトの原点に回帰しようということと同じ**なのです。

天皇は今でこそ国の象徴として高みに置かれていますが、昔はもっと民と近く、民の責任を取るような存在だった時期もあります。天皇家の紋章がシオンであるということは、本来の天皇たるスメラミコトへの回帰を意味しているのです。

澤野　天皇が「スーパースター」になったのは明治以降のこと。それまでは食うに困る時期もあったりして実に地味な存在でした。祭祀王ではあるけれど、それ以外は他の人と同じでした。

「本能寺の変」で織田信長の命を狙ったのはイエズス会だった⁉

中山　奴隷としてアフリカから連れ出された黒人たちが「ザイオン（シオン）に帰ろう」ということも、それに関係しています。日本人と同じく、彼らにもユダヤの遺伝子が入っているということです。

古代ユダヤ人は世界中のいろいろなところへ行ったり、連れていかれたりしていて、その中にはエチオピアに向かった流れもある。そこで黒人の遺伝子と交わったわけです。ですから、白人によって奴隷として連れていかれた人々の中にも古代ユダヤ人の血が混じっているのです。

そんなふうに古代ユダヤ人は世界中に散らばっているわけですが、その中でも日本人はかなり色濃くユダヤ人の血を受け継いでいると思われます。

澤野　織田信長が連れていた黒人奴隷・弥助も、エチオピアから来たといわれます。しかし、奴隷が信長の下につくというのも考えにくいですね。実際はイスラム教建築の専門職として来ていたのではないかという説もあります。

中山　そう。宗教建築の専門家ですよ。

澤野　この辺は本文でも話したことですが、エキセントリックな説ではありますが、実は織田信長は女性であり、弥助と恋仲になったともいわれる。実際のところはわかりませんが、いずれにせよ、信長が弥助に影響されてイスラム教に改宗したという説がありますね。

それで、イスラムの聖地を作るということで土地を探して、最初に建てたのが伊勢外宮だった。そこに信長はカアバ（英語でcube）というイスラムの聖地で拝むようなものを造ったわけです。

だから、伊勢にはもともと外宮しかなかった。そうなると、江戸時代まで「お伊勢参り」として、日本の国民だったら一度はお伊勢参りをしましょう、というその習慣は、実はメッカ巡礼とまったく同じものだったことになります。

それを察知したのがイエズス会で、信長をキリスト教にしてやろうと思ったのに、なんでイスラム教になっているんだと。それが本能寺の変につながってくる。

中山　澤野さんにこの話をするのは初めてですが、僕自身が十三歳のときの臨死体験で見た映像でも、信長を殺そうとしたのはイエズス会で、明智光秀はむしろそれを助けに行っている。

澤野　絶対に光秀は犯人ではない。

中山　そう。**マニラに駐留していたイエズス会の傭兵となったイスパニアの軍隊が信長を殺そうとした。**

澤野　光秀は信長を完全に信頼していますからね。

中山　光秀は愛宕神社で「大殿に終生仕える」と一世一代の決心をしています。裏切る道理がまったくない。

澤野　裏切ったんじゃなくて、助けに行った。

中山　その通り、まさに助けに戻ったのです。

澤野　助けに行ったけど間に合わなかった。だけど、イエズス会によって犯人にされてしまった……。僕と中山さん、まったく同じ意見じゃないですか（笑）。

中山　僕は臨死体験の中で、本能寺の変を上空から見ていた。

澤野　僕はいろいろ勉強して、ここまで辿り着いたんですけど、見事に一致しますね。

中山　澤野さんが調べ尽くして得た情報は、臨死体験で見たことの裏付けになります。

式年遷宮は「内宮が新しい」という事実の隠ぺい策ではないか

澤野　これはよく知られたことですが、伊勢の内宮に参拝した天皇は明治天皇が初めてで、それ以前の天皇は内宮には参拝していない。なぜかと思っていろいろ調べてみると、どうも、明治以前に内宮はなかった。

中山　まさに、ない空《くう》だ（笑）。

澤野　そうなんです。織田信長の造った外宮だけがあって、そこにイスラムのメッカ巡礼、つまりお伊勢参りをやっていた。

中山　だからこそ、明治維新後に「皇祖神を祀る内宮を造らないと」という話になってくる。

澤野　一六〇〇年頃にできた外宮と明治以降にできた内宮では、二百七十年以上も時代が違うから、建物を見ればそれがバレてしまう。そこで、式年遷宮で建て直せばいいという話になった。常に新築状態にしておけば、「実は内宮が新しい」という証拠を隠滅できる。そのための式年遷宮なんじゃないか。

中山　それはすごい洞察ですね。裏の角度から迫っていて面白い。

澤野　本当の伊勢は外宮。だから、外宮の周りにはスサノオ（素戔嗚尊）と関係の深い蘇民《そみん》将来《しょうらい》のしめ縄を飾っている家がたくさんあるでしょう？　あれは、「我々は伊勢系ではなく出雲系ですよ」という表明でもある。「笑門来福」も同じですね。

中山　それに、伊勢の磯部神社に祀られている十八柱の神は全部出雲系の神様ですよ。

澤野　伊勢神宮の別宮である伊雑宮《いざわのみや》もそうです。何かを隠している。

実は伊雑宮は伊勢の内宮よりもずっと古いのですが、新しく入ってきた内宮系の人たちに国譲りをしています。出雲と同じことが起きているわけです。

日本は渡来勢力に乗っ取られた幻想世界だ！

中山　ところで、澤野さんは初代天皇とされる神武天皇についてどう考えますか？

澤野　天皇のことを研究していくと、結局、古事記や日本書紀が日本の中で脚光を浴びたのは、本居宣長や平田篤胤《あつたね》による国家神道の流れ以降なんです。

つまり、国家宗教を作るにあたり、日本をキリスト教化する案もあったけれど、日本人にはキリスト教はなじまないということで、イエス・キリストになぞらえて天皇というスーパースターを作ろうということになった。そして、聖書になぞらえて、古事記と日本書紀をその位置に置いて、国家神道が作られたということでしょう。

中山　その通りだと思います。

澤野　では、日本という国がいつできたかというと、六六三年の白村江の戦いの後です。そして「天皇」というものが……。

中山　「天皇」という呼称が生まれた。

澤野　はい。

秘匿された近現代史を正すことは今を知るための最短距離であり、最重要事項です。そして、さらに昔の歴史を紐解くことにより、今この国に生きる私たちは、自らの位置を知る。それを前提として言うと、この国には大きく分けていくつかの流れがある。まず、紀元前に秦の始皇帝の使者として日本に渡ってきた徐福＝秦氏。そして、白村江の戦いの後に日本へ進駐した新羅勢力。その新羅勢力が北朝天皇を打ち立て、藤原氏が裏から実効支配しました。

さらに、亡命難民として流入した百済《くだら》、高句麗勢力。この百済勢力は南朝として天皇を掲げて支配圏争いを繰り広げました。日本国内で起きている政争や権力争いは、有史以来この繰り返しです。

つまり、日本列島を舞台に、唐、百済、新羅、高句麗、そして秦氏が争っている。平氏は住友財閥となり、藤原氏は三井財閥となり、明治維新を起こした薩長系は三菱財閥になりましたが、そこに縄文・日高見（ヒタカミ）国は入っていない。つまり、私たちの生きるこの日本は、日本を乗っ取った勢力によって創作された幻想世界なのです。

戦後の日本は幻想の建前のみを優先させすぎた。本音を押しやって、かりそめにすぎない建前の世界こそが本物の世界であると喧伝《けんでん》し、偽装しました。しかし、それが戦後七十年の時を経て、いよいよガン化が極まってきた。

ですから、天皇というのも、本当の天皇の流れと、後から創作された天皇の流れがごちゃまぜにされているので、僕としてはまだ整理がつかない状況です。

日本各地に隠されたニギハヤヒとセオリツヒメの痕跡

中山　その上で、神武天皇という存在が誰なのか、何なのか、実際はいたのかいないのかということが明確になってくると、古事記や日本書紀の説く「皇統の万世一系」の真相が見えてくると思うんです。**すべての歴史の謎を解く鍵は「神武天皇は何なのか」というところに起因しています。**

一般的には、神武天皇は日向《ひむか》の地から瀬戸内海を通って橿原《かしはら》（奈良県）に移動して、そこで即位したとされています。その頃、近畿にはナガスネヒコ（長髄彦）という豪族の長がいて、神武天皇と戦ったことになっています。歴史的には戦いの最中、ニギハヤヒ（饒速日命）が突如出てきて神武天皇の軍門に下り、ナガスネヒコは主君のニギハヤヒに殺されたという、出来レースのように取って付けたような話になっています。

しかし、実際のところはまだはっきりしませんが、神武天皇の東征と共に、ナガスネヒコは国を譲り、近畿を離れて東北方面に移動し、それがアラハバキ神に組み込まれたという解釈が『東日流外三郡誌』から読み取れます。ただ、一般的には『東日流外三郡誌』は偽書とされていますが……。

また、ナガスネヒコの主君はニギハヤヒですから、アラハバキとニギハヤヒの関係も浮上します。秋田県の唐松《からまつ》神社に祀られているのはニギハヤヒですので、ナガスネヒコの東北東征を裏付けるように、唐松神社が『物部文書』を所蔵しているのも興味深い事実です。

唐松神社の「唐」は韓国の「韓」にもつながるし、九州の唐津や高知県の唐人駄馬《とうじんだば》遺跡も関係する可能性もあります。「唐」は中国の「唐」にも関係し、太古の「カラ族」に由来するかもしれません。また、石上《いそのかみ》神宮とか磐船《いわふね》神社など、大阪とか奈良でもニギハヤヒをお祀りしている神社も少なくないので、そういった断片的な情報を併せていくと、さらに見えてくるものがありそうです。

その上で、ニギハヤヒという存在は、セオリツヒメ（瀬織津姫）とパートナーのような男女両極になっているので、おそらくそれが、彦星と織姫という形で伝承されてきたのでしょう。

織姫というのはセオリツヒメ（瀬織津姫）の「織」であり、天の河を挟んで彦星と織姫がいる。これはそのまま地上に投影されていて、ニギハヤヒ所縁の大阪の交野《かたの》には「天野川」という川があります。ニギハヤヒを祀る磐船神社が彦星のポイントに、織姫のポイントには天野川を挟んで聖なる滝があります。

歓喜天

澤野　セオリツヒメは滝の女神ともされていますからね。

中山　それから、生駒《いこま》の中心には歓喜天《かんきてん》が祀られていますが、これはニギハヤヒの存在をあえて隠しながらお祀りしている。ここは、仏教が入ってきて歓喜天が祀られるようになるまでは、ニギハヤヒが祀られていた場所ですが、ニギハヤヒの浮上は失われたつながりを思い出させることでしょう。

澤野　本当、面白いくらいにつながってきますね。

太陽系はシリウスの一部かもしれない

中山　二〇一六年は「鏡の年」といわれましたが、あらゆる天文学や占星術からも、これからは物事がはっきりと示されていくという考察がなされました。だからこそ、曇りなき鏡が必要とされます。

デヴィッド・ボウイの遺作となったアルバム『ブラックスター』

これは二〇一六年、デヴィッド・ボウイが亡くなったことにも関係していると思います。彼の最後のアルバムは『ブラックスター』でしたが、いよいよブラックスター＝ルシファーが輝く時がきた。ルシファーは堕天使ということから一般的に誤解されていますが、ルシファーの本質は、闇を照らす存在として真に光り輝くものであり、シリウスの根幹です。具体的には、シリウスという星がどういう存在なのかということが、もっと明確になるでしょう。

その流れの話からいえば、シリウスという星は複数の星からなる星系で、僕自身が臨死体験の奥にあるものとして見た宇宙体験の中では、AからZまでありました。これはあくまで宇宙体験で見た宇宙観ですが、シリウスはAからZまでの四十八個の星で構成されていたのです。

シリウスAとシリウスBは、天文学でも認められていて、シリウスBはAの伴星《ばんせい》として確認され、最近はシリウスCも確認されつつありますが、Zまで存在しているとは驚きです。さらに興味深いのは、AからYまでの距離よりも、YからZまでの距離の方が遠いのです。

だから、このシリウスZは我々の銀河の外にある可能性もあります。そこまでシリウスが星系レベルで距離的にも銀河を包括しているのなら、太陽系は全部シリウスの一部だと考えてもいいでしょう。

澤野　なるほど。

銀河系を一〇センチの円盤にたとえた場合、地球とシリウスは〇・〇〇八六ミリくらいしか離れていません。そのスケールで考えるなら同じ場所にあるといってもいい。

プレアデスは太陽製造工場であり、我々の太陽もプレアデスで生まれた

編集部　チャネリングをする相手としてシリウスとともにプレアデスがよく登場しますが、おっしゃる意味でのシリウスに、プレアデスは入ってこないんですね。

中山　周波数の違いから基本的には入ってきていないと思います。プレアデスはまた全然違う働きと役割があって、一言でいうと銀河のディスクといわれる「太陽製造工場」です。

散開星団であるプレアデスには約四百個ほどの太陽（恒星）が集まっていて、その中でアルシオネという恒星を中心に、七つの太陽の物語が七人の姉妹（セブンシスターズ）として太古から語り継がれています。

そして、プレアデスのアルシオネは、宇宙のオアシスのように星の人々が集う会場となり、「宇宙の図書館」と呼ばれています。

太陽製造工場ということで考えると、我々のいる太陽系の太陽も、もとはプレアデスで生まれた可能性があります。太陽は人間と同じように成長し、一人前になって家族を持つという時期を迎えたときに、まるで、成人して親元から離れていくように、ちょっと離れたところに移行して、そこで太陽系という家族を形成したのです。

今の天文学ではプレアデス星団は、八千年ほどの若い星団といわれています。しかし、人間でいうと成人までの期間を過ごすための領域でもあり、八千年という時間自体も光の速度をベースにして既存の科学が算出した物理時間なので曖昧です。シリウスのような長老のそばに太陽が配置されるので、すべてのつながりの中で、星の家族のようにサポートし合っているのです。

編集部　チャネリングではシリウスやプレアデスの他、オリオンもよく登場しますね。

中山　オリオンは太古から地球にコンタクトしていて、エジプトのギザの三つのピラミッドはオリオンの三つ星と関係が深いというのは有名な話です。

シュメールの人たちは七つの星をレリーフや壁画にたくさん描いています。北斗七星やオリオン座も七つの星ですが、レリーフの星の形はむしろプレアデスに似ています。

レリーフや壁画には、他にも太陽と月が描かれていますが、我々の太陽とは明らかに違う。これがどうもシリウスではないかと思います。となると、月に見える星も、シリウスのどこかの星ではないかと思われます。

太陽がシリウスの四十八個ある星のうちの一つに数えられるとしたら、太陽系の十個の惑星は、すべてシリウスということになるかもしれません。

澤野　まったく同感です。

伝承にあるシリウスC・Dとは月と地球のことではないか

中山　今回の伊勢志摩サミットにはシリウスを浮上させる働きもあったのです。「Ｉｓｅ‐Ｓｈｉｍａ」からは「ＩＳＩＳ（イシス）」のサインが導かれます。イシスはシリウスの女神でもあるから、シリウスの女神の前で行われたサミットでもあった。そして、三重県には、新しい道を開くサルタヒコ（猿田彦）の働きもあります。シリウスの道が開かれるということです。

澤野　シリウスについて整理しておきますが、まず、連星としてのシリウスＡとシリウスＢは科学の世界でも観測されています。でも、ドゴン族の伝承にあるＣとＤがどうしても見つからない。

そのシリウスＣの特徴は、真っ黒なブラックスターであり、シリウスＤは水の星「ザイランシア」といわれています。水の星と小さな黒い星。これ、どこかで見たことがあると思ったら、地球がシリウスＤで月がシリウスＣではないかと。

それで、地球にこれだけシリウスの痕跡が残っている理由も解けてくる。みんな空を見てシリウスＣとＤを探しても見つからないはずですよ、実はここ（地球）がシリウスＤなんだから。

中山　澤野さん、僕とまったく同じ考えじゃないですか。具体的なところは別として、まったく同感です。

いったん地球の外に出てみたら、シリウスと地球もすごく近所で同じ位置といってもいい。だから、太陽系は全部シリウスということになります。伝承にあるシリウスCやDは実は「ここだよ」という話です。

「アトランティス」の言霊には「セオリツ」と「ウシトラ」が隠されている

澤野　一方、地球に目を転じると、モン・サン＝ミッシェルなどが弁天島の働きをしていて、アジアという枠で見ると、日本がアジアの弁天島になっている。日本という枠で考えると、伊豆大島や小笠原が弁天島になっています。

中山　なるほど。フラクタル構造だ。

澤野　そして、地球全体、五大陸にとっての弁天島は南極大陸です。

僕は南極を「アトランティス（Atlantis）」と呼んでいますが、この英単語のアルファベットを並び替えると「セオリッツン（SAALITTN）」となります。また、日本語のローマ字表記のように「アトランティス（ATOLANTISU）」と書いて並び替えると「ウシトラーン（USITTOLAAN）」、つまり「艮《うしとら》の金神」となりますね。

つまり、**アトランティスという言葉は「セオリツ」と「ウシトラ」という両方の言霊の意味を同時に持っている。**セオリツヒメも艮の金神も、縄文神アラハバキと同一視されることを考えると、このような言霊の一致は大変興味深いところです。

中山　艮の金神は龍体としての日本列島そのものの存在であり、それを、男性性と女性性で支えていたのがニギハヤヒとセオリツヒメとすれば、見事につながってきますね。

東北にはセオリツヒメの伝承が数多くありますが、その地で三・一一の浄化が起きたことにも深い意味がある。

澤野　あれは浄化というか、目覚めですよ。

中山　一夜にして水没したといわれるアトランティスでも同じことが起きたのでしょうか。

澤野　アトランティスは水没したのではなく、氷によって封印された南極大陸だと考えています。これはまさに、シリウス＝セオリツヒメが譲って世を降りたのとまったく同じ話なんです。

縄文と弥生が融合して「半霊半物質」の時代がくる

編集部　これからの時代、南極がポイントになってくるんでしょうか。

澤野　絶対そうなります。

『エイリアンVSプレデター』も『遊星からの物体X』も、『X‐ファイル ザ・ムービー』にしても、すべて南極の地下に異星からの巨大UFOだとか、過去の超科学などが封印されているというストーリーです。どうも南極は何かあるんだなということです。

実際、ヒトラーも南極に行っている。あんな氷しかないところに何をしに行ったかという話です。……何かあるはずです。

中山　南極にはクレーターのような、とんでもない大きさの穴も見つかっている。

それで、アトランティスが「セオリツ」ということになると、「一夜にして沈んだ」という伝説は、まさに三・一一の津波のような水の浄化の働きで、氷に閉ざされたとしてもセオリツヒメの働きがアトランティスにも働いていたことになります。

そして、アトランティスの英語表記と日本語をローマ字表記したものをアナグラムで並び替えると「セオリツン」と「ウシトラーン」になるということは、このアトランティスの物語の現代版が今、日本で行われていることになる。

澤野　そうなんです。

中山　ムーとアトランティスということでは、縄文がムーで、弥生がアトランティスの流れと考えることもできます。つまり、縄文が霊的な文明で、弥生が物質的な文明。

もちろん、どちらにも両方の要素はありますが、今、物質文明という弥生の必然的な暴走が、この日本列島で終焉を迎えつつある。弥生の原型であるアトランティスの最後の物語が、「ウシトラーン」であるこの日本列島で、「セオリッツン」の働きによって今、終焉を迎えている。

そのような流れを含めて、これから、かつて世を降りた女神たちが、いよいよ時の到来とともに、一つひとつ返り咲いてくる。北極が男性性を象徴していると考えると、南極はまさに女性性だ。

澤野　縄文が弥生に道を譲ったと言いましたが、縄文の人たちは「縄文スピリット」といわれる高い霊性でもまだ不十分であり、さらなる進化の余地があると見抜いていたんだと思います。そこで、あえて弥生の物質文明、たとえば、従属や上下関係といった弥生文化を入れて、いったん自分たちは下に行って弥生に支配させ、弥生文化を花開かせた。

一方、弥生の人たちも「物質だけじゃダメだったんだ」と気づいたときに、じゃあ縄文をピックアップして両方を融合させようという話になる。そのことを縄文は先読みしていたんじゃないか、と思います。

縄文だけの時代では不完全だった。弥生だけの時代でも不完全だった。そこで、今後は縄文と弥生が一つになった時代がくる。人類は今までこれを一度も経験したことがない。

つまり、霊的なものと物質的なものが半々に釣り合っている状態です。これを半霊半物質といいます。

伊勢志摩サミットと天皇陛下の「お言葉」はリンクしている?

編集部　いたるところに弁天島があるというのは、日本列島が世界の「雛型」であるという理論にも通じますか。

澤野　はい。日本中いたるところに弁天島がある。野尻湖にも浜名湖にも蒲郡《がまごおり》にも弁天島があって、セオリツヒメを意味し、宇賀神を意味しています。

編集部　賢島も弁天島だとおっしゃっていましたが、そこがサミット会場になったということは、何らかの形で世界にも波及する?

澤野　そうです。一つのセレモニーとして共鳴を起こすはずです。「これからこういう時代になりますよ」という、全世界へ向けての正式なアナウンスと僕には見えますね。

中山　賢所《かしこどころ》という場所がありますが、天皇が住居する宮中において、三種の神器の一つである八咫の鏡をお祀りする場所が賢所です。だから、賢所を連想させる賢島に集まったということは実に象徴的なことといえます。

大正時代の宮中三殿（『宮廷写真帖』実業之日本社より）

澤野　そうなんですよ。宮中三殿賢所っていうのは皇居の最重要部分ですよね。その賢所をいわば牛耳っているのが内掌典《ないしょうてん》という女性たちです。

彼女たちは一生を皇居の中で過ごします。朝から晩まで天皇の安寧を祈り続けることが仕事です。しかし、そんな内掌典の方たちが賢所をどうやって取り仕切っているかといいますと、「ケガレ思想」なんですよ。

「清いこと」を「清《きよ》」といい、ケガレていることを「次《つぎ》」といいます。このケガレ思想というのは実は、弥生思想そのものなんですよね。しかし、本源的な天皇というのは純粋なシャーマンだったわけで、そこには、弥生とかそういう差別思想は存在しなかったのではないかと私は考えているんです。ならば、「今上陛下はもしかしたら本来の純粋な祭祀をさせてもらっていないのではないか」とさえ思ってしまうんです。

だからこそ、陛下は二〇一六年七月十三日に「生前退位の意向」を仄《ほの》めかされ、八月八日にビデオメッセージとして発表されたのだと思います。「八月八日」という数字は「はは」であり、蛇の古語である「ハハ」、アラハバキの「ハハ」そのものです。つまり、天皇陛下ご自身がついに、「本音」というものを口にされたのではないか。

「本音」というのはつまり「縄文」の世界のことです。なので、実は賢島でのサミットと今回の天皇陛下の「生前退位のご意向」というのは密接にリンクしていたと思うんです。

既存の価値観とか常識とか思い込みとか、そういったものも片付けざるをえないような流れになっていくと思います。というのも、日本の象徴である天皇陛下は、同時に日本の雛形でもあるわけです。つまり、そんな雛形である天皇陛下が「本音」にシフトされたということは、これから直ちに私たち一般国民も「本音」、つまり縄文にシフトするということです。そして、そんな日本が世界の雛形なのですから、つまり世界縄文化が急速に展開していくことが予想されます。

山口組の分裂とか、ＳＭＡＰの解散騒動とか、維新の会が分裂したとか、これまでなら建前で「まあまあ」とやっていたやり方が通用しなくなってきている。本音の世界が出てきているわけです。これまで本音は一歩下がって建前に譲っていたものが、シリウスの時代が来て、本音が出てくる。それを直感しました。

それから、二〇一六年は申年ですが、本文でも申し上げましたが、日光東照宮の「見ざる・言わざる・聞かざる」なんです。じゃあ、あのサルは何を意味しているかというと、実は我々はまだ何も見ていないし、何も聞いていないし、何も言ってもいない、ということ。そんな衝撃的な事実に気づくのが二〇一六年。

これまでの自分を形成してきた常識とか、思い込みを全部片付けたときに、自分は何も見ていなかった、聞いていなかった、言ってもいなかったというシンプルな事実に気づく。二〇一六年はそのきっかけになる年だと思います。

中山　みんな、これまで誰かが言ったことを、そのまま受け売りにして自分の判断で確認せずにやってきた。しかし、そんな「誰かが言ったこと」が一掃されたら、自分の目で見る、自分の耳で聞く、自分の口で話すということを、本当の意味で生きていなかったがゆえにしてこなかった。そこが見えてきます。

澤野　そういうことですよね。私が情報誌に書いたことが、いつの間にかテレビで「都市伝説」になってたりしますからね（笑）。

中山　そうすると、「片付ける」というのは、これまでのことを一掃した上で、今度は新たな型を作るということになる。それが「片付ける＝型作る」ということです。まさに破壊と創造、この世の建て替え建て直しです。

これまでの型を片付けることと、新たな型を作ることが同時に起きてくる。その幕が切って落とされたのが二〇一六年。

中央構造線の東端である鹿島神宮に隠されているもの

澤野　中山さんのお話の章を読ませていただきましたが、日本列島が龍体であるという考え方でいうと、中央構造線の話は実にピンときましたね。

先ほども申し上げましたけど「ＪＡＰＡＮ」という単語を入れ替えると「ＮＡＰ・ＪＡ」となる。「ＮＡＰ」というのはうたた寝のことで、「ＪＡ」は「蛇」。まさにトグロを巻いた蛇なわけです。つまり、「ＪＡＰＡＮ」という言葉自体が宇賀神（ウカノミタマ）を意味します。日本列島自体が龍体であり、蛇体。

中央構造線を知れば知るほど、これは完全に龍だなという思いが強まっていく。たとえば、

諏訪大社の御柱祭（下社の木落とし／©ウィキコモンズ）

熊本地震の震源地の益城町《ましき》には大蛇の目撃談が昔からあります。剣山でも太さが丸太くらいで、長さがバス車両ほどもある巨大な大蛇が目撃されています。

それから、諏訪大社には御柱《おんばしら》があって、縄文からの蛇信仰の元祖「ミシャグジ様」が祀られている神社もあります。それに、鹿島神宮の要石《かなめいし》。要石は地下に埋まっている部分が巨大なナマズだとか大蛇だとかいわれていて、鹿島に要石の「頭」があり、香取（神宮）に「尾」があるとされています。

この鹿島神宮は大和朝廷が蝦夷《えみし》を監視するという意味もあって、本殿が北向きになっている。これには、すごく重要な場所でありながら、何か封印している気配も感じます。

今回、熊本地震があった後、鹿島で震度5の地震があったんです。まさに、中央構造線の東と西の突端が揺れている。こうなると、もう何があってもおかしくない。

中山　本当に何があってもおかしくないですね。

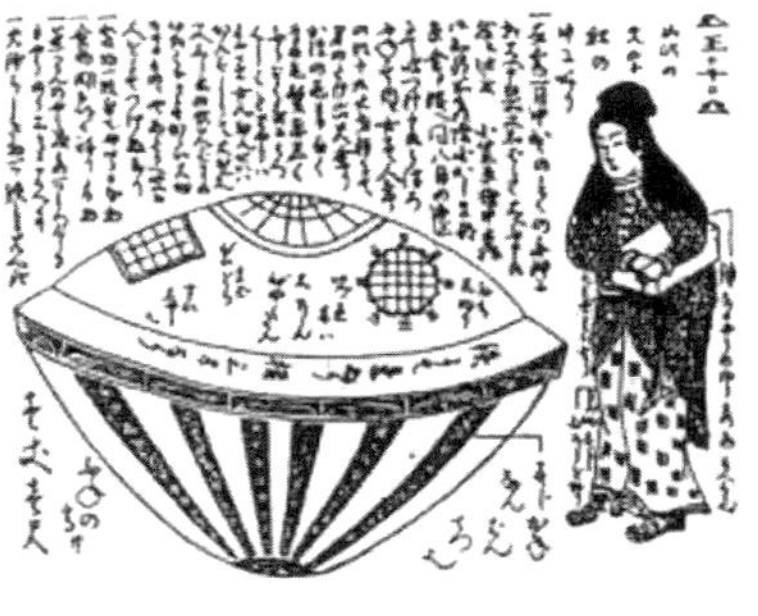

虚舟（『兎園小説』収録の「虚舟の蛮女」昭和３年より）

澤野　これらの地震を人工地震だと言う人もいますが、日本列島の霊的なところから見ていくと、龍体、そして蛇体としての日本列島、アラハバキ、セオリツヒメといったキーワードが出てきます。

中山　鹿島のある九十九里浜のラインは昔からＵＦＯの目撃談が多く、有名なのが江戸時代の虚舟《うつろぶね》の伝説です。

一八〇三年、常陸国の舎利浜《しゃりはま》という海岸に、一人の女性が円盤で降りてきたという伝承がありますが、二〇一四年にその場所が特定されたということが新聞で取り上げられた。「伝説から歴史へ一歩近づいた」といった見出しで新聞に掲載されました。

この虚舟に乗っていた女性は、その少ない痕跡から追ってみるとセオリツヒメではないかと思われます。

虚舟を描いた昔の絵を見ると、それに乗ってきたとされる女性は箱を持っている。興味深いことにこの虚舟の他、平安時代や鎌倉時代に描かれた、お釜型ＵＦＯの搭乗員もまた箱を持っている。

これは、玉手箱以外の何物でもないでしょう。まさに、浦島太郎です。さらに、そこから妙見信仰にもつながってきます。浦島太郎は亀に乗りましたが、妙見菩薩の神使《しんし》は亀（玄武）とされているからです。

しかも、浦島太郎というと竜宮城で龍にもつながる。つまり、鹿島神宮は竜宮城の何かを隠しているのではないか、ということです。竜宮城というと、すぐにイメージされるのが琉球ですが、一地域だけの話ではなく、日本全体・地球全体にも関係してくると思います。少なくとも、日本列島は龍体の島ですから、確実に関係するはずです。

日本列島の雛形が沖縄にあることも前提として、日本列島全体に連動してくるので、日本各地の大蛇伝説や龍神信仰も全部関係してくる。鹿島神宮は香取神宮と同じように要石があり、龍神や大蛇がうごめく大地の働きを神の意志（石）で抑えている要の場所なのでしょう。

「失われたアーク」の正体は龍体としての日本列島そのものだ！

澤野　中山さんは聖徳太子の七星剣の話をされていますが、日本刀なども波打つ模様が浮き出しているじゃないですか。あれもまさに蛇ですよね？

中山　まさにそうですね。

澤野　そして、今の「箱を持っている」という話でピンときたのが、四国の剣山にあるといわれるアーク（聖櫃）です。なぜかというと、剣山とは刀の山であり、つまりは蛇の山だから。「JAPAN＝NAP・JA」ということで考えると、**日本列島自体が剣山**ということになる。

じゃあ、モーゼの十戒石板を収めていた契約の箱＝アークって何なんだとなります。「アーク」は言霊でいうと「空く」「開く」となりますが……。

中山　「悪」にもなる。

澤野　開けたら中には何もないのかもしれない。物質的なものが入っていると想像しがちですが、意識を解放して考えてみると、我々がアークだと思っているものと、本物のアークは違っているんじゃないか。

中山　僕も、アークは物質的なものではないと思っています。**聖書でいわれるアークとは、実は日本そのものではないかと。**

澤野　完全にそうですよね。

中山　そう考えると、古史古伝が記述してきたことに一致します。

北半球では西から東へ海流が時計回りで流れているので、西方の文物は自然に日本へやってくる。あらゆるものが集まる場所、それが日本なんですね。そこが「開く」と考えると、やはり、日本列島そのものがアークであって、それが「悪」によって開かないようにさせられてきたんだけど、しかしまた、「悪」によって開けられる。日月神示にある「悪の中に隠してあるぞ」です。

澤野　「アーク」は「Ａｒｋ」ですが、日本語でそのまま書くと「ＡＡＫＵ」となります。並べ替えれば「ＵＫＡＡ」ですよね。重複したＡを約分すれば「ＵＫＡ」、つまり「宇賀神」そのものです。つまり**「アーク」とは「とぐろを巻いた蛇」**だということですよ。

そして、宇賀神＝龍神です。このように、旧約聖書的な文脈でいう失われたアークとはまったく別の、日本から生まれてくる新発想でこの謎が解けてくる。これは日本語の言霊でしか解けないんです。

「日本は世界を救う」とか、「日本は世界の盟主だ」とか言いますが、これは自画自賛で言っているのではなく、これから「ああ、そうなんだ」と思えることが起きてきます。

中山　何が起きるかわからないけど、我々が新発想をしなければならないような、驚天動地のことが起きてくる。このタイミングは聖徳太子が予見していたし、菅原道真も知っていた。

道真もまた星信仰を復活させようとした人物です。「天神さん」とは星のことだし、さらに牛でしょう。ミトラ教やゾロアスター教の黄金の牛伝説と星信仰の両方を復活させようとした。

平将門も北辰信仰を持っていたし、そもそも平家の血筋はシュメール由来です。その平将門

伊豆大島（東京都）の為朝（香殿）神社（サイト「伊豆大島ジオパーク・データミュージアム」より）

と菅原道真がともに怨霊として恐れられている。平将門の結界が東京にありますが、それは神社や首塚の配置で巨大な北斗七星を描いたものです。

澤野　みんな「怨霊」として封印された人たちばかりですよね。そういえば、成田山新勝寺は平将門を呪うための護摩を焚きましたね。

中山　実はその新勝寺には妙見が祀られています。開かずの間の妙見といわれていて、御開帳したためしはない。怖くて開けられない。

澤野　封印している。怖すぎて開けられない。そして制御できないから開けられないわけですね。原発とまったく同じ図式ですね。

中山　そう。それが北東方向にある鹿島神宮に流れていく。そして、鹿島は昔、「香島」と書いた。つまり、鹿島神宮と対になる香取神宮と同じ字を使っていたのです。片方は「香り取る」、もう一方は「香る島」。

実は伊豆大島には源為朝《ためとも》を祀る神社があり、香殿《こうどの》神社と呼ばれています。これは、「香りを残してあるぞ」という意味。つまり、何らかの痕跡が残されている。ちなみに、為朝の息子は琉球王家の始祖である舜天《しゅんてん》になったといわれています。

澤野　香りですか……。確かに、成田、鹿島のあたりは何かありますよね。

中山　成田市には稲荷山《とうかやま》という山があり、そこから七星剣が出土している。何か隠されているものを稲荷が守っているということです。隠してはいるけど、ここにあるよという印にもなっている。

聖徳太子も空海もダースベイダーだ

中山　だから、もっと日本人一人ひとりが賢くなって、ヤマトの源流にあるものを思い出していく時が来たのです。そういう意味でも、澤野さんが今回、弥生と縄文について洞察してくれた見解を、僕も大変興味深く読ませてもらいました。

澤野　結局、弥生の本質とは何かというと「炭水化物」であり、厳密に申し上げますと「糖質」なんです。

中山　坂本龍馬がカステラを食べさせて明治維新を導いたというのも、まさに「糖質」ということですよ。カステラって砂糖のかたまりですから。コーヒーで甘さをまぎらわせて糖質を隠した。

澤野　いろんなキーワードが中山さんの話とシンクロしますね。

中山　シンクロだらけです。

澤野　根底では同じ。これはすごく不思議です。

中山　すべて根底に流れているものは同じで、その表現は互いのオリジナルですね。

澤野　中山さんの言う「聖徳太子はダースベイダーだ」という話にも、ちょっとびっくりしたんです。というのも、僕は「空海はダースベイダーだ」と言っていたから。

中山　そうなんですか。

澤野　司馬遼太郎が「空海はもとは蝦夷だ」と本の中で書いています。そこで、蝦夷なんだけど大和朝廷側についたので、帝国軍側についたダースベイダーだ、と僕は表現しています。

結局、ダースベイダーも悪の権化といわれつつ、心の奥にはちゃんと愛が残っている。だから、いつかその帝国軍側を裏切って共和国側へ行く。これはすごく深い物語ですよ。ただ、自分の方が上だとオビ＝ワン・ケノービに挑んだのは、堕天使ルシファー的な象徴だと思います。

中山　ルシファーといえば、堕天使といわれていますが、自らが闇に堕ちていったということは、闇にまぎれて、闇に潜んだという意味でもあり、まさにいったん引き下がったといえるのです。

宇宙は九九・九パーセントが暗黒です。星の質量は全部をまとめても、たったの〇・一パーセントしかありません。宇宙は星々を光り輝かせるために暗黒なのです。先ほども申しましたが、ルシファーの意味は真に光り輝くものという意味で、暗黒の仮面をかぶってくれたのです。

縄文人は自分の自我を相手の中に置いていた

中山　仮面の話になったので、なぜ聖徳太子が仮面をつけていたか、という話もしておきましょう。

仮面はペルソナといい、パーソナリティ（人格）の語源です。だから、仮面をつけるとかえって本心をいえる。つまり、仮面は自我を上手にコントロールできるアイテムなのです。

僕の理解では、自我をなくす必要はないと思っていて、自我こそが最も大切な進化のエッセンスだと思っています。スピリチュアルな世界ではよく「自我はない方がいい」と言いますが、自我は「自らが我」という意味でエゴとは違い、自我がなくなるということは、あなたもいなくなりますよ、という話なんですが……。

その自我について、「縄文人も自我を持っていましたか」という質問をよくされますが、「はい、当然、自我はありますよ」と答えています。ただ、現代人と違うのは、縄文人は自分の自我を相手の中に置いていた。そこが似て非なる働きです。

澤野 それ、すごくよくわかります。

中山 縄文人は相対的な世界に身も心も置いていなくて、二元性に基づく相対的な世界を一体なる世界で括っていましたので、私はあなたという認識です。だからまずは自分の自我と向き合い、自我を受け入れないと、自分の自我を相手の中には置くことはない。自我を排斥しようとしたら、そこに分離が生じてしまうのです。

その分離意識ではなく、自我をちゃんと認めて自分の内側に入れ込むのです。すると、自我はメビウスの輪の如く、相手の自我と反転してくっついているから、自我を自分の中に受け入れると、そこでメビウス反転して、その自我は相手の中に見出されることになる。

縄文人は相手の中に自分の自我を見出していたからこそ、「相手が先」で「どうぞ、お先に」の完全なる譲る精神性を持ち、自分は満たされているから後回しでいい。その意識が、縄文人と現代人の決定的な違いの一つです。

澤野　今、流行っている非二元思想（ノン・デュアリティ）、「私はいない」「世界は幻想だ」という考え方って、僕はすごく薄い気がするんです。正確に言うと「私はいるけどいない、いないけどいる」「私は一人だけど一つ、一つだけど一人」という両者同時存在なんだと思うのですよね。中山さんはどう思われます？

中山　最近、よくその言葉を耳にするようになりましたね。思考だけのロジックとなってしまいますから、自己完結もほどほどにし、さらに深く楽しい境地に参りましょう。

澤野　ノン・デュアリティの考え方では「私自体がいない」と考える。五百万円の借金があったとしても、「あなたがいないんだから、五百万円の借金も実は幻想なんです」となる。ある意味でそうかもしれないけど、五百万円の借金はなくなることはない。

「私はない」と言ったらそこで話は終わってしまう。私はあるし、あなたもある。だけど、あるけれどないともいえる。「あるかないか」ではないと思うんです。

中山　その通りですね。

澤野　個人だけどすべてと一つでもあり、すべてと一つだけれど個人でもある。賛成であり反対でもある。

そのように、答えを一つにするのではなく、どちらも包含しているというようなものが、本当のところではないでしょうか。

中山　「すべてがない」と言ってしまうと、逃避的になってしまう感がありますね。

澤野　そういう話を好む人たちって、安心したいという気持ちがすごくあるんだと思います。「自分はない」と思うと慰められる。

日本人は「私」ということの本質がわかっていた

中山　ともかく、この「私」というものが、実は不明確なんですね。三次元的に「私」が「私」を三六〇度から見ることはできないわけですから。私の目は私の目を見れないし。私は私の後頭部を見られない。ということは、私というのはいないのではないか、という極論が出てきますが、確かに私はいないとしても、ではあなたは？

あなたもいなければ話す必要もなくなってしまうわけで、だから縄文人のように、あなたを私として、私をあなたとして見ることができたら、世界はひっくり返りますね。

つまり、今までの「私」という定義上の「私」はいなくとも、「あなたという私」がいるのです。

実は日本人はその「私」ということの本質がもともとわかっていたんです。相手に対して「お主《ぬし》」といえる。これは創造主という意味です。または、相手に対して「貴《き》様《さま》」といえる。これは、貴《たっと》い様ということで神様ということです。つまり、目の前にいる人に対して「創造主」「神様」と言ってきたのが日本人であり、正確に言うとヤマトの民です。

一方、「私が神である」というのはありえないことになる。そもそも言葉としておかしいんです。神は「私」という概念を持っていないんだから。

澤野　まったく同感です。

中山　同じように、「私が悟った」という言葉もおかしいですね。悟りは私という概念からの卒業ですから。

じゃあ、本当の私の実体はどこにあるのかというと、私である自分が目撃している目の前のリアリティー、これこそが自分にとっての「私」です。私の実像は、目の前の世界だったのです。なぜならば、自分がいなければ、この目の前にあるリアリティーは見ることができませんから。

今、僕の目の前に澤野さんがいるということは、僕が見ている澤野さんこそが、僕が見ているものの実像であり、僕自身が存在しないと見れない僕の反映としての僕自身なのです。

夏目漱石は「私」がないということを「則天去私《そくてんきょし》」と表し、「吾輩は猫である」となったわけです。

諏訪大社の根幹である「ミシャグジ様」も封印されている

澤野　ミシャグジ様の話を少ししておきたいんですが……。

中山　とても興味深い話ですね。

澤野　ミシャグジといえば諏訪大社の信仰の根幹です。男根崇拝でもあるし、蛇体信仰、龍体信仰でもある。そして、その象徴が御柱。

また、ミシャグジとは「三つの石神」とも書きます。東京の石神井《しゃくじい》公園もミシャグジだし、真鶴の三ツ石もミシャグジです。三ツ石は突端の岩ですから弁天＝セオリツヒメ的なものでしょう。そんなふうに全国各地にミシャグジはありますが、しかし、封印されているのか、ほとんど語られていません。

長野県茅野《ちの》市で守矢家の方々が祀っているミシャグジの祠《ほこら》（神長官守矢史料館《じんちょうかんもりや》の敷地内にある）も、長野県の神社のリストに入っていない。小さな祠だから、というのもありますが、

「神長官守矢史料館」（長野県茅野市）敷地内に鎮座する御左口（みしゃぐち）神社

そんな祠であっても実は諏訪の根幹といってもいい存在です。これもまた封印された縄文ということでしょう。

しかし、これからはミシャグジとか、セオリツヒメが脚光を浴びてくる。

中山　これからは脚光を浴びてくるでしょうね。しかし、伊勢にも出雲系の神様をお祀りしている磯部神社があるのに、伊勢といえば内宮ばかりが、未だに脚光を浴びている。

澤野　サミットでは内宮ばかりが持ち上げられて、外宮のことは言わないし、伊雑宮にも触れていない。

中山　どんな資料を探しても内宮が昔からあったという正当な痕跡がないのにね。実は内宮は明治維新まではなかった、ということになると、これは日本最大のタブーに触れることになる。

澤野　明治維新の後、日本のメインの神様を何にしようかという会議で、「じゃあ、アマテラス（天照大神）でいこうか」となったわけですからね。それ以前は、伊勢の役割は全然違ったものだったはずです。内宮はなかったけど明治維新前から外宮はあった。

その外宮には御師《おんし》という、今でいうガイドさんがいたんですが、明治維新以降、外宮の御師はすべて廃止されています。なぜ、廃止されたかというと、内宮がなかったという歴史を勝手に語られてはたまらないからでしょう。

そして、外宮しかなかった時代のお伊勢参りというのは、実はイスラム教のメッカ巡礼をモデルにしたもので、織田信長が弥助によってイスラム教徒となり、その礼拝施設として外宮が建てられたと考えられます。といっても、純粋なイスラム教だったかは疑問で、根幹は宇賀神＝トヨウケ（豊受大神）ではないかと思いますが。それは、縄文的でもあったし、自然神的なものでもあったはずです。

日本には「八百万の宗教」が入ってきている

中山　アラハバキのことを澤野さんは「焼き焦がすもの」と表現していたけど、それは拝火教としてのゾロアスター教と連動していますね。

澤野　そうですね。

中山　ゾロアスター教には、アフラ・マズダー、ミトラ、アナヒターという神の他に、「フラヴァシ」という精霊もいる。そのフラヴァシは鳥類のワシの姿をしていて、しめ縄を輪にした正月飾りのような持ち物を持っている。体も輪の中に入っている姿で表されているけど、これが茅の輪になっています。

「フラヴァシ」（http://www3.sympatico.ca/zoroastrian/fravar.htm より）

澤野　それは面白いですね。

中山　このフラヴァシはサンスクリット語では「ウラヴァサ↓ウラバンナ」となり、盂蘭盆《うらぼん》（お盆）の語源となる。さらに、これが日本まで流れてきてお盆になっています。

ゾロアスター教は、古くからペルシャを中心にエジプトやギリシャからの信仰や風習も組み込み、シュメールやアッシリアの文化も受け継ぎながら、カスピ海東側のアルタイにも影響を与えた。アルタイ地方に残る数々の遺跡は、奈良県明日香村の石の造形物ともそっくりで、ゾロアスターの流れは仏教とも習合しながら、かなり古い信仰の形を日本に伝えたのです。さらに、ゾロアスター教が、ユダヤ教、キリスト教、イスラム教にも深い影響を与えていることを考えると、日本には八百万の神というより、八百万の宗教が入ってきているといってもいいでしょう。

澤野　だって、景教が入ってきている時点で……。あれ、キリスト教ですからね。

中山　仏教も、ゾロアスター教以外にもヒンドゥー教、ジャイナ教からの影響も受けてきたことを考えると、仏教が単体で日本に入ってきたとは考えにくい。お釈迦様の巡礼地からもわかるように、仏教伝来という形がさまざまな宗教や信仰を日本にもたらしたことは否定できないでしょう。

澤野　バラモン教とかゾロアスター教とかいろんなものが仏教の中でごっちゃになって、そこに景教＝キリスト教も入っている。

中山　さらに、ゾロアスターからの影響により、インドでいう「スメル山」が中国の神仙思想では「須弥山《しゅみせん》」となり、神仙道＝道教にも影響を及ぼしている。そこから、中国の祖といわれる神農皇帝《しんのうこうてい》とか、伏羲《ふくぎ》の世界になります。

神農皇帝は農業の祖といわれ、生薬の神様であり、三百六十五種類の薬草を『神農本草経』の中で紹介している伝説上の存在となっています。これは毎日、摂るべき薬草を解説した医学書ですが、その中で大麻は上薬（副作用のない最上の薬草）中の上薬とされています。

また、その須弥山の語源となったスメル山はシュメールにも関係があり、「スメラミコト＝

須弥山（17世紀のインドの絵）

天皇」とも共通性が出てきます。

澤野　その神農をお祀りしているのが日本のテキヤの方々ですよね。

神社のお祭に行くと、参道にテキヤの屋台が出ていて、そこでたこ焼きを食べたりする。参拝してから食事をするまでが直会《なおらい》（神事の後の宴会）であり、そこまで含めて神事なんです。だから、神農を奉ずるテキヤの皆さんがやっている屋台というのは、すごくシャーマニックな神事なんですね。

神農（1914年刊行の中国の本より）

中山　神農皇帝も伏義も角《つの》が生えている。これは、役小角（役行者）が前鬼・後鬼という鬼を従えたという鬼伝説と関係してきます。そして、この鬼とは何かというところがまた面白い。

澤野　この前、岡山県に行きましたけど、鬼伝説があるじゃないですか。

中山　鬼伝説があって磐座《いわくら》もすごくたくさんある。六芒星が描かれた磐座もありますね。いつ描かれたのかは特定できませんでしたけど。

澤野　桃太郎伝説なんて、鬼からしたらたまったものではない話ですが、これにも深い意味がある。どうしましょう。どんどん話が広がっていって終わりませんね（笑）。

中山　まさに、終わらない現代神話の始まりですね（笑）。

編集部　まさに封印が解かれて、さまざまな情報が解禁されてきたということでしょうか。いつまでも話は尽きませんが、第一弾はこの辺にしておきましょうか。

澤野　第二弾を作るときまでに新たな情報をまとめておきます。

中山　今回はいったんこれで締めることが、次の楽しみとなりますね。

（二〇一五年十二月十五日、二〇一六年一月二十日、七月十二日に東京・新宿で行った対談に加筆・修正しました）

著者プロフィール

中山 康直（なかやま やすなお）

縄文エネルギー研究所所長。1964年（昭和39年）静岡県生まれ。民間人として戦後初めて新規に「大麻取扱者免許」を取得。「縄文エネルギー研究所」を設立して、自然・環境・伝統・文化・歴史・民族・精神について麻の研究をベースに麻産業のコンサルタントや麻製品の開発業務を行う。

ヘンプオイルで日本を縦断した伝説の「ヘンプカープロジェクト2002」の実行委員長兼運転士を務める。2003年には「地球維新」という平和をテーマとしたTVドキュメンタリー番組を企画及び出演し反響を呼ぶ。2011年からは麻の実を搾って走行するスーパーヘンプカープロジェクトを実行し、2013年東日本復興ヘンプカー、2016年九州復興ヘンプカーに尽力するなど、毎年スーパーヘンプカープロジェクトを実施している。日本を中心に講演会やイベントなどを通して、誰もが楽しめる平和な社会創造を提言。宇宙・地球・生命という壮大なテーマへの探求と学術・芸術・氣術を統合した実践活動を行っている民族精神学研究者。

著書に『麻ことのはなし』（評言社）、『地球維新』（明窓出版）、『2012年の銀河パーティ』（徳間書店）、『反転の創造空間』『世明けのアサへ』（ヒカルランド）、『奇蹟の大麻草』（きれい・ねっと）などがある。

公式サイト　http://www.yaei-sakura.net/

澤野 大樹（さわの たいじゅ）

1971年（昭和46年）東京生まれ。日本大学藝術学部映画学科卒業。

たま出版／たまメンタルビジネス研究所で瓜谷侑広師の下で修行を積む。独立し、元祖直観多次元情報誌『INTUITION』の執筆を開始する。また、国内外の研究者の講演会のプロデュースを行い多くの映像作品を制作する。思想的、哲学的な深化と共に次第にソロ活動中心となる。2017年には『情報誌INTUITION』創刊20周年を迎える。

芸術家であり、ギタリストであり、ドライバーであり、ガストロノミックなアルケミストであり、シャーマンであり、ネオ縄文の提唱者であり体現者でもある。

公式サイト　http://www.intuition.jp

瀬《せ》織《おり》津《つ》姫《ひめ》システムと知的存在MANAKA《マナカ》が
近現代史と多次元世界のタブーを明かす

2016年11月30日　初版第1刷発行
2023年10月15日　初版第2刷発行

著　者　中山 康直／澤野 大樹
発行者　瓜谷 綱延
発行所　株式会社文芸社
〒160-0022　東京都新宿区新宿1－10－1
電話　03-5369-3060（代表）
03-5369-2299（販売）

印刷所　図書印刷株式会社

ISBN978-4-286-17307-8